L'ART MONUMENTAL

DES INDOUS ET DES PERSES

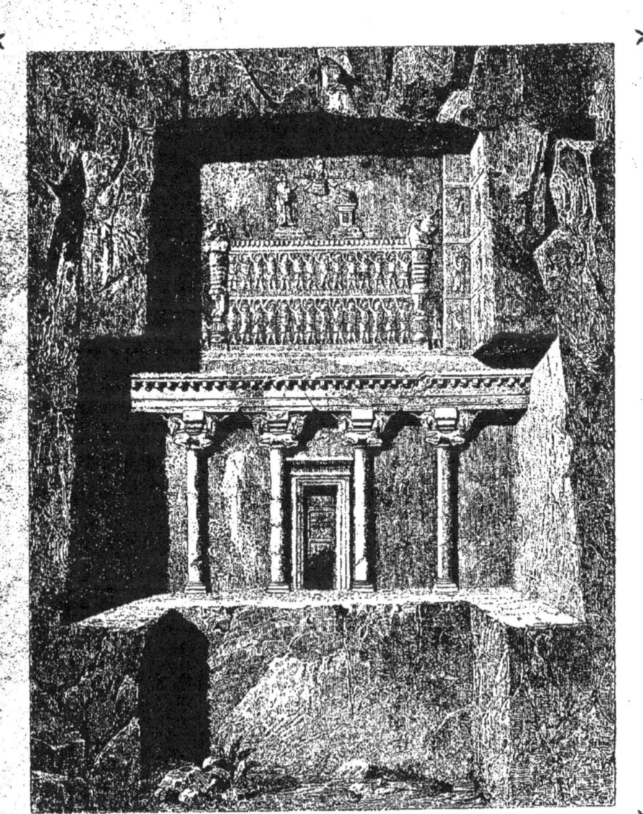

Société de St-Augustin, Desclée, De Brouwer et Cⁱᵉ.

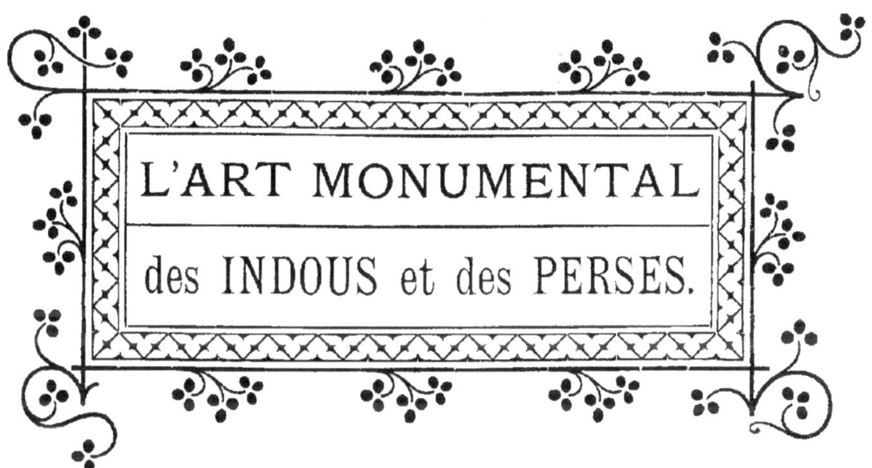

L'ART MONUMENTAL

des INDOUS et des PERSES.

L. CLOQUET. — TRACTS ARTISTIQUES. — Nº II.

L'ART MONUMENTAL

DES INDOUS ET DES PERSES

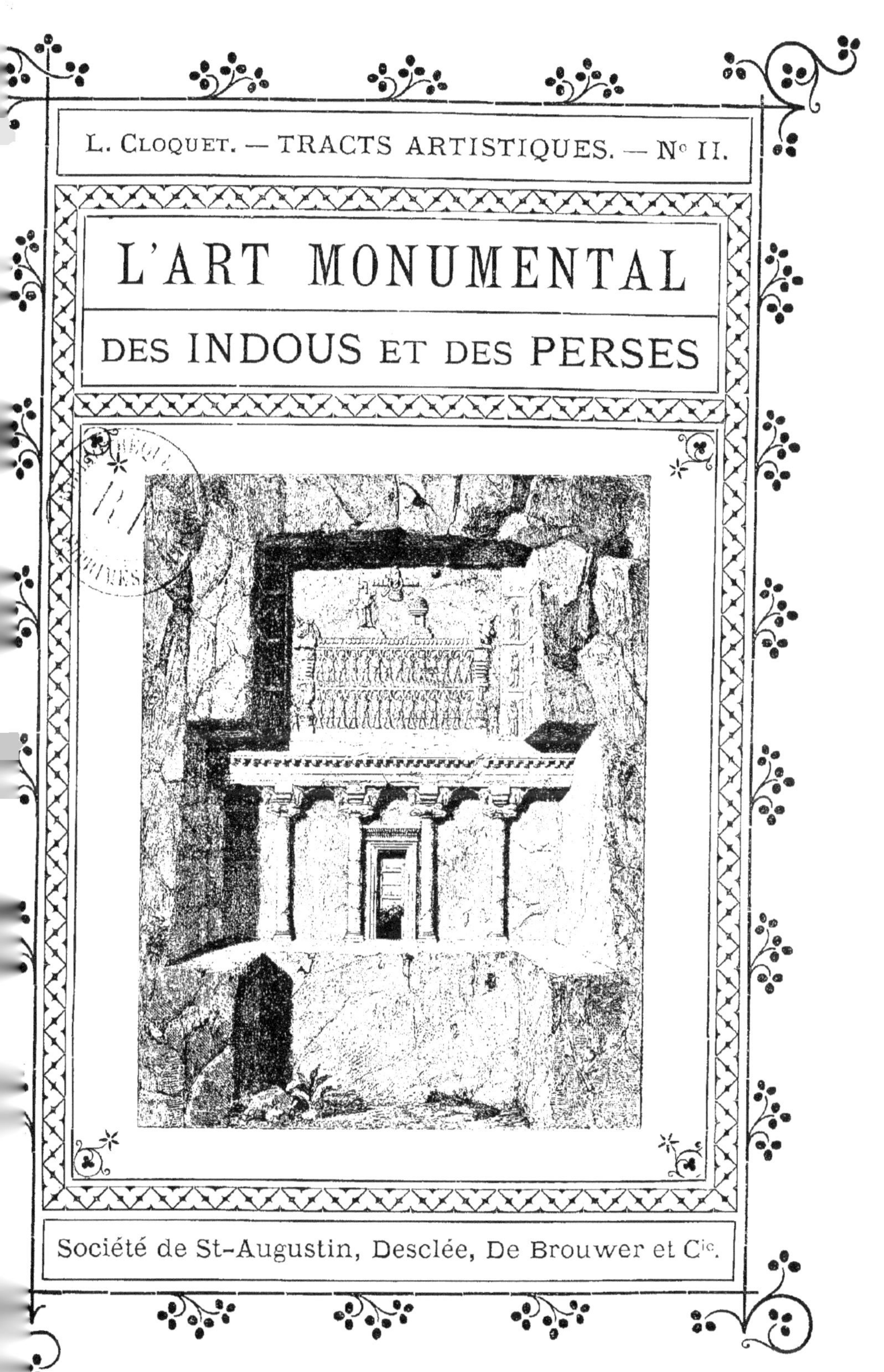

Société de St-Augustin, Desclée, De Brouwer et Cⁱᶜ.

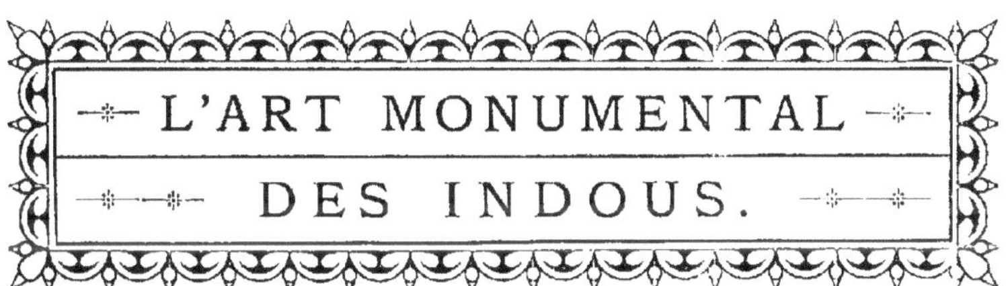

L'ART MONUMENTAL
DES INDOUS.

BIBLIOGRAPHIE.

E. LANGLÈS. — *Monuments anciens et modernes de l'Hindoustan.* Paris, 1821.

V. JACQUEMONT. — *Voyage dans l'Inde.* Paris, Didot, 1841-44.

Dr G. LE BON. — *L'Inde monumentale*, 5 vol. in-4°, 407 pl., 1 vol. texte, Firmin Didot.

Dr G. LE BON. — *La civilisation de l'Inde.* Paris, F. Didot, 1887, gr. in-8°, 470 pages.

M. TAYLOR. *Student's Manuel of India from the earliest period to the present.* Londres, 1871.

A. CURMINGHAM. — *Archaeological Survey of India.* Calcutta, 1880.

C. MALET. *Mémoire sur l'Inde*, dans le vol. VI des *Recherches asiatiques*, de Gailhabaud.

DANIEL. *Hindou excavations in the Mountain of Ellora near Auzung-Abad in the Decan.* Londres, 1803.

GRANDIDIER. — *Promenade dans l'Inde.*

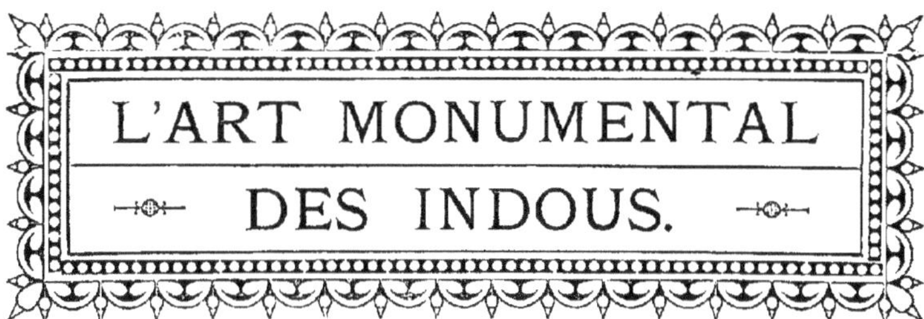

CHAPITRE I. — Généralités : Géographie ; Caractères de l'art indou ; son ancienneté ; religion des Indous.

GÉOGRAPHIE, ETHNOGRAPHIE.

1. — L'Indoustan forme une portion de continent presqu' aussi vaste que l'Europe, qui descend par étages des flancs glacés de l'Himalaya, la plus haute chaîne de montagnes du globe, nommée « le toit du monde », jusqu'en plein Océan Indien, à quelques degrés de l'Équateur, et se prolonge en presqu'île entre la mer d'Arabie à l'Ouest et la baie de Bengale à l'Est. Le Sind ou Indus, coule vers sa limite occidentale ; il est séparé, au Nord, de la Tartarie et du Thibet par les montagnes de Kaboul, renfermant la vallée de Kachemyr ; à l'Est s'étend le royaume d'Arakhan. Le Gange traverse sa partie Nord-Est. C'est le fleuve sacré des Indous, qui se pressent sur ses bords pour y faire leurs ablutions. Les plus riches provinces de l'ancien empire sont celles qui avoisinent ce fleuve (¹). C'est le Nord qui a toujours joué le plus grand rôle dans l'histoire ; c'est sur le bord des grands fleuves, que les populations aryennes, venues du N.-O., ont développé l'antique civilisation de Brahma. C'est là qu'on trouve encore Benarès, la ville sainte des Indous; Delhi, la capitale des empereurs mongols, qui fut pour l'Orient l'équivalent de Rome dans le vieux monde européen ; et Calcutta, la capitale de l'empire britannique actuel.

L'Inde fut peuplée tour à tour par des noirs, des jaunes, des rouges et des blancs ; les plus anciens habitants étaient des noirs ; les derniers envahisseurs furent des Aryas, qui asservirent la population mixte établie dans le pays. Parmi les races primitives, les ethnographes distinguent la race des Aryas comme supérieure à

---

1. Langlès, *Monuments anc. et mod. de l'Hindoustan.*

toutes les autres. Ce sont, pour beaucoup d'auteurs, les ancêtres des peuples indo-européens, parmi lesquels on range les Mèdes et

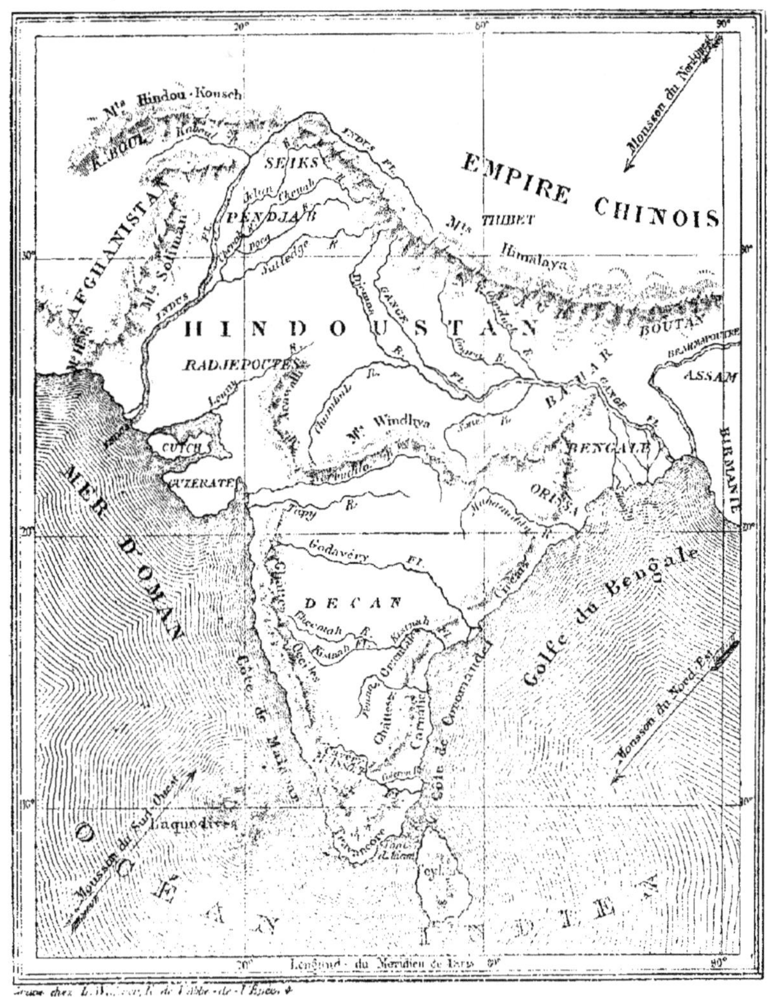

les Perses, les Grecs et les Romains, ainsi que les principaux peuples de l'Europe moderne. Sortis des forêts de l'Inde voisine du Thibet, ils passent pour avoir enfanté la race blanche d'Occi-

dent ([1]). Descendus de leur pays montagneux, ils se seraient divi-
sés en deux branches ; l'une, la branche sanscrite, aurait descendu
la vallée de l'Indus pour se répandre dans l'Indoustan ; l'autre, la
branche iranienne, aurait envahi la contrée qui forma depuis la
Médie et la Perse ([2]).

Aux Aryas appartient le prototype de la cabane ; ils se distinguent par leur aptitude à la charpenterie. Nous verrons que les
auteurs des grottes et des rochers sculptés de l'Indoustan semblent
avoir été des charpentiers de race ; malgré l'opposition foncière qui
existe entre les procédés de l'excavation et ceux de la coupe du bois,
des traditions de la structure en charpente persistent dans la plupart
des temples souterrains indous.

Le Aryas pénétrèrent probablement dans le Pendjab dès le
trentième siècle avant notre ère, et fondèrent l'ancien empire
indou entre le Gange et la Djoumna, et des résidences somp-
tueuses, dont les épopées indiennes ont chanté les merveilles ; ce
fut, assure-t-on, le berceau de la civilisation européenne. Les *Védas*
éclairent l'origine de beaucoup de légendes répandues encore chez
les peuples d'Europe.

Le événements politiques amenèrent l'établissement dans l'Inde,
d'un régime de castes, au nombre de quatre, savoir :

Les *Brahmanes* ou les prêtres, ordinairement de race aryenne.

Les *Kchatryas* ou guerriers, Rajpout d'origine.

Les *Vaïsyas* ou marchands, qui étaient des jaunes, des touraniens.

Les *Soudras* ou agriculteurs, formant une population mixte ([3]).

CARACTÈRES DE L'ART INDOU.

2. — Chez les peuples les plus anciens, les modes de construction
de l'habitation ont été une conséquence directe des besoins, des
nécessités du climat, surtout des ressources du sol. Aussi dans les

---

1. Il est vrai que cette théorie est aujourd'hui contestée par plusieurs savants, qui
attribuent aux Aryas une origine occidentale ; ce peuple se serait du moins développé
d'abord dans l'Europe occidentale. (V. P. Van den Gheyn, *Bull. de la Soc. scientifique*,
Session de Liége, 27 oct. 1892. Compte-rendu, p. 33 — V. *Revue des Questions scientifiques*,
oct.. 1894, p. 497.)

2. V. René Ménard, *Cours de l'École des Beaux-Arts de Paris :* L'ancienne Asie.

3. Le Bon, *Les civilisations de l'Inde.*

régions les plus rapprochées du berceau du genre humain, l'architecture offre-t-elle les formes originales de l'art. Les monuments de ces contrées rappellent ordinairement l'un des types primordiaux de la demeure, qui sont la tente, la hutte, la cabane et la grotte.

Sur les plateaux élevés de l'Asie centrale vivaient, aux temps les plus reculés, les Tartares, dont les émigrations ont en grande partie peuplé le continent mongol, et dont la richesse consistait en d'innombrables troupeaux. Errant sans cesse d'un pâturage à l'autre, ils couvraient des mêmes peaux leurs chariots et les tentes qu'ils élevaient dans les stations de leurs courses nomades. Leurs usages sont restés empreints chez les générations sédentaires qui les ont remplacés depuis des milliers d'années, témoins les constructions chinoises aux toits pointus, et aux combles bas, infléchis, témoins les coupoles turques aux sommets aigus, aux formes enflées et souples, ou mieux encore les églises russes couvertes en forme de tentes, dont Novgorod offre des spécimens typiques ([1]). Déjà nous avons vu le type initial de la hutte de limon perdurer à travers des milliers d'années dans les pylones égyptiens et nous verrons plus tard la cabane en charpente donner le jour au temple grec.

D'autres tribus asiatiques descendirent des hautes et froides montagnes du Thibet dans les plaines de l'Indoustan. Leurs abris offrirent des formes complètement opposées à celles de la tente Tartare. Incommodées par les ardeurs d'un soleil qu'elles n'étaient pas habituées à subir, elles creusèrent dans les rochers voisins des plaines qu'elles cultivaient de fraîches cavernes, qui leur servaient à la fois de demeures, de sépultures et de temples. Telle fut l'origine des souterrains brahmaniques en forme de grottes patiemment taillées par ces peuplades sédentaires ; il en avait été de même en Égypte, où les populations, placées dans des conditions identiques, creusèrent des hypogées dans les rochers qui bordent le Haut-Nil.

Les Indous ont contracté une aptitude particulière à tailler des sculptures dans la masse du roc et plus tard leurs constructions en plein air ont gardé l'empreinte des procédés traditionnels. C'est chez eux que l'on rencontre les constructions les plus extraordinaires dérivées de la grotte. Elles sont caractérisées par une

---

1. V. H. N. Kharousine, *Mémoires des antiq. de France*, 1892, p. 84.

exubérance des formes vivantes telle, que leurs rochers taillés semblent s'être animés dans toute leur masse, et que la nature inerte paraît vouloir se confondre avec les êtres animés, en même temps qu'avec la divinité. Le panthéisme apparaît sous les mille formes variées d'une décoration plastique empreinte d'un luxe effréné.

Les formes essentielles sont donc propres au procédé de l'*excavation*, et au type primordial de la grotte. Toutefois les formes secondaires sont souvent empruntées à des constructions en charpente, comme si l'ouvrage avait été exécuté par une population de troglodytes, sous l'inspiration ou la direction de maîtres familiarisés avec la construction en bois.

Les excavations qui constituent les plus anciens monuments de l'Inde, et les innombrables sculptures qu'elles renferment, aussi bien que les immenses pagodes élevées en plein air, surpassent réellement tout ce que l'imagination peut enfanter de plus gigantesque et de plus extraordinaire. Elles contrastent vigoureusement avec les belles mais timides constructions européennes de Madras, de Calcutta, etc. Elles ne sont guère moins nombreuses et moins imposantes, que les édifices fameux qui couvrent les rives du Nil.

Le peuple a conservé jusque de nos jours son ancien mode de bâtir. Aux temps modernes, l'architecture indienne a conservé la grâce et la fantaisie des anciens âges. Mais elle n'a réalisé aucun progrès. Au surplus elle est dénuée de l'unité et de l'harmonie qui caractérisent l'art des civilisations plus élevées.

L'art indou, singulièrement original, n'est cependant pas sans rapport avec les arts des autres nations.

L'influence de la *Perse* y est surtout sensible. On rencontre, par exemple, dans les Indes des réminiscences du chapiteau persépolitain à cloche, surmonté d'animaux adossés ; notamment à Nassik, à Sanché, à Peshawer.

L'influence *grecque* se manifeste de son côté dans les vallées du Kaboul et du Cachemire, où l'on peut voir des colonnes doriques et ioniques dans des monuments relativement anciens.

L'influence *musulmane* s'accuse surtout dans la province du Gazerat, où les monuments comportent des arcades, des minarehs, des dômes et des inscriptions arabes.

Nous laissons de côté l'architecture indo-musulmane et l'architecture indo-thibétaine, qui se confondent quelque peu avec l'art des Indous.

Enfin, le D^r Le Bon a mis en lumière cette particularité de l'architecture indoue, qu'elle est susceptible d'être classée beaucoup mieux par ordre géographique que par ordre chronologique. Tandis que l'on constate une grande fixité de types à travers le temps, les monuments diffèrent d'une manière bien sensible, d'une région à l'autre du vaste territoire de l'Inde.

CHRONOLOGIE DE L'ART INDOU.

3. — On a été longtemps dans l'erreur sur l'âge présumé des monuments de l'Inde. Il y a peu d'années encore on les considérait comme les plus anciens du monde [1]. Mais depuis, les études philologiques et les éclaircissements que l'on a eus sur les deux religions du pays, le *Brahmisme* et le *Boudhisme*, ont montré que ces monuments ne datent que de peu de siècles avant J.-C. La plupart même sont contemporains des basiliques latines (IIIe siècle) et de nos cathédrales du moyen âge. Les constructions védiques et brahmaniques antérieures au boudhisme étaient probablement en bois. Une tradition de charpenterie persiste, nous l'avons dit, dans les monuments en pierre.

Les recherches d'archéologues anglais, notamment de Fergusson, et des explorateurs français Grandidier, Rousselet, Le Bon, ont permis de faire un classement scientifique des monuments de l'Inde.

Avant le roi Azoka, les Indous construisaient sans doute ordinairement en briques et en bois. Trois siècles à peine avant notre ère, des monuments véritables exécutés dans la pierre apparaissent tout à coup, s'accumulent pendant quelques centaines d'années, et atteignent immédiatement une perfection qu'ils ne dépassent guère. Du Ve au VIIIe siècle de l'ère chrétienne, les temples boudhiques souterrains sont remplacés par des temples en plein air, édifiés surtout par les sectateurs du Jaïnisme. Au XIe siècle commencent les invasions musulmanes.

---

1. V. Langlès, ouv. cité, *Introduction.*

RELIGION DE L'INDE.

4. — Tous les anciens monuments de l'Inde sont directement inspirés par la religion.

Le culte le plus ancien des Indous était le *brahmisme*. Ce culte admettait un être suprême « *tout-puissant et tout-savant, qui n'agissait que par l'intermédiaire d'une trinité* » formée ([1])

       de *Brahma*, ou la puissance créatrice,
       de *Vichnou*, » » » conservatrice,
       et de *Siva*, » » » destructrice,

lesquels avaient eux-mêmes de nombreuses divinités subalternes sous leur dépendance. Il y avait en quelque sorte une divinité proposée à chacune des actions de l'homme.

Le climat luxuriant de l'Inde prodigue à l'homme en surabondance toutes les ressources de la vie matérielle. « Cette merveilleuse fécondité du sol, en comblant l'homme de ses enchantements, anéantit en lui l'action, mais développe le sens contemplatif, et le caractère rêveur ([2]). » L'Inde est la patrie de la philosophie, mais d'une philosophie décevante et immorale, qui tua l'esprit national.

En étudiant les temples indous d'Ellora, d'Elephanta, de Salcette, de Carli, de Bombay, de l'Ile de Ceylan, taillés dans le flanc des montagnes, nous en verrons toutes les parois couvertes de sculptures fantastiques, d'une ornementation exubérante comme la végétation de la contrée. Par les formes qu'elles présentent, par les liens qui semblent rattacher ces objectifs du culte et même les confondre avec la nature, elles nous rappellent avec assez de clarté le panthéisme indou. Les temples ont un caractère de grandeur qui nous étonne, mais qui laisse surtout dans notre âme de l'inquiétude et du malaise, de la même manière que cette croyance, qui fait disparaître la divinité en la confondant avec la création ([3]).

D'autre part, l'Inde vivait sous le régime absolu des castes. Les Aryas ont été les dominateurs.

Trois siècles avant J.-C. apparut *Boudha*, qui fut le fondateur d'une religion nouvelle, issue du brahmisme, mais plus rationnelle,

1. Langlès, *Ouv. cité.*
2. Lubke, *Précis de l'histoire des Beaux-Arts.*
3. V. Abbé Gaborit, *Le beau dans la nature et dans l'art*, t. II, p. 280.

plus dégagée de ce que celui-ci avait de complexe et de matériel dans sa mythologie. C'est alors que furent construits les premiers temples souterrains.

Le boudhisme prit un grand essor à partir du moment où *Azoka* l'eut embrassé, l'an 250 avant J.-C. C'est la date du premier temple souterrain, celui de Gayah, et des colonnes commémoratives, nommées *lâts* ou *stambhas*, élevées par Azoka sur les rives du Gange aux environs de Delhi. Celles-ci sont toutes faites sur le même modèle. Elles mesurent 3^m,00 de largeur au pied, 12 de hauteur et portent l'image de Boudha escortée de lions, ou la figure d'un lion emblème de Boudha, ainsi que des inscriptions des édits du monarque. Leurs formes rappellent quelque peu l'influence assyrienne, d'ailleurs exceptionnelle, qui pourrait s'être introduite sous les pas d'Alexandre le Grand, et parfois elles reproduisent quelque chose du galbe des colonnes persépolitaines.

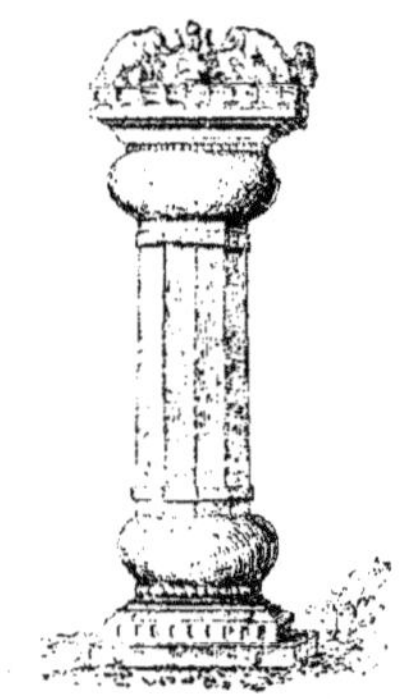

Fig. 2. — Stambha à Salcette.

Les progrès rapides des Boudhistes excitèrent une réaction de la part des Brahmistes, qui finirent par les expulser. On voit les temples des deux sectes exister côte à côte ; ils ne diffèrent que par des dispositions particulières.

« La construction monumentale s'affirma dès le début sous des formes grandes, nettement exprimées, et resta simple tant que le Boudhisme fut la religion dominante, tant au point de vue de la disposition générale que du décor. Les monuments consistent en *topes* ou tombes aux reliques des disciples vénérés de Boudha, et en temples aux lignes austères, accompagnées de couvents, car il existe des sortes de religieux boudhistes voués à la vie méditative (1). »

Plus tard, quand les Brahmes eurent repris la prépondérance, l'austérité disparut sous une profusion de décors de la plus haute fantaisie et conformes aux rêves de la riche imagination de la population : ce caractère est resté empreint dans les constructions les plus récentes.

---

1. Lubke, *ouv. cité.*

TYPES D'ÉDIFICES.

5. — On rencontre dans l'Inde trois catégories principales d'édifices.

1º Les temples souterrains ou *grottes*.

2º Les *rochers sculptés* à ciel ouvert.

3º Les *pagodes* en matériaux rapportés.

Dans les trois catégories, la partie ornementale domine, et constitue le trait saillant de cette architecture étrange, où la matière pierreuse paraît se confondre, par ses formes, avec la nature vivante, végétale ou animale. Les Indous ont été bien plus des sculpteurs que des constructeurs. Chez eux le rôle de l'architecte se bornait à déterminer les grandes lignes, la forme des salles, la position des supports, etc. Le sculpteur faisait tout le reste ; il le faisait capricieusement et avec profusion, dans les grottes comme dans les monuments à ciel ouvert.

Dans les pagodes, il est vrai, le constructeur avait un rôle plus important. Il empilait les matériaux en formes pyramidales. Mais, cela fait, le sculpteur intervenait de nouveau et achevait seul l'ouvrage.

Les dispositions intérieures des monuments de ce peuple sont d'ailleurs d'une grande simplicité. Les pagodes n'offrent dans leurs grandes tours qu'une ou deux salles, qui, du reste, sont elles-mêmes taillées après coup, comme des grottes, dans des massifs que le constructeur a d'abord établis en masses pleines.

Souvent les formes générales disparaissent sous la profusion des ornements. Quoique ces monuments trahissent une civilisation avancée, ils ne sont pas le résultat d'un emploi judicieux du travail de l'homme, et ne produisent pas un effet en rapport avec l'énorme labeur qu'ils ont coûté.

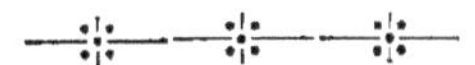

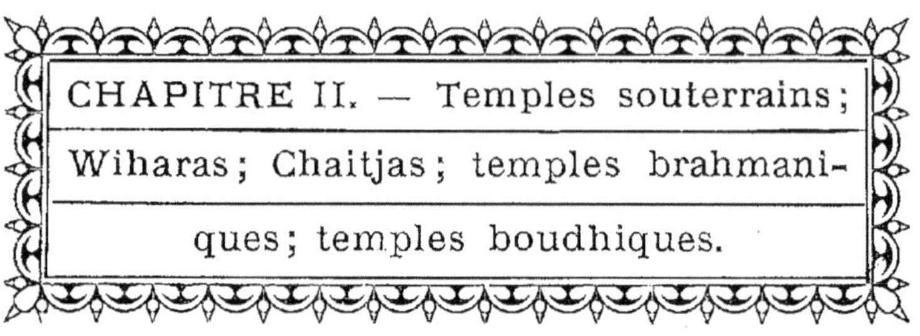

CHAPITRE II. — Temples souterrains; Wiharas; Chaitjas; temples brahmaniques; temples boudhiques.

TEMPLES SOUTERRAINS.

6. — *Les temples souterrains* ne sont jamais isolés. On les rencontre groupés côte à côte dans une même chaîne de montagnes. Ces temples, ou *chaitjas*, sont reliés par des galeries entr' eux et aux salles, qui ont servi d'habitation aux prêtres et formaient des sortes de couvents, nommés *wiharas*. Les *wiharas* groupés autour des *chaitjas* sont très nombreux ; on en compte des milliers, tandis qu'il ne reste qu'une trentaine de *chaitjas*. Les chaînes des Ghattes orientales et occidentales, situées entre le Dekkan et la mer, et les côtes de Malabar, sont toutes creusées de ces temples. Les hypogées d'*Ajunta* sont parmi les plus remarquables. Au VIIe siècle de l'ère vulgaire, la ville de *Condjeveram* possédait 85 temples brahmaniques et 100 monastères boudhistes. Les excavations d'*Ellora* se développent sur près de deux lieues de longueur. On ne peut voir sans étonnement ces masses de porphyre taillées sur des surfaces développées à l'infini, avec une précision qui a dû épuiser la patience de nombreuses générations. Toute la capacité des salles est taillée au ciseau. Les murs sont couverts de figures colossales réservées dans la masse. L'ensemble représente un travail qui effraie l'imagination.

WIHARAS.

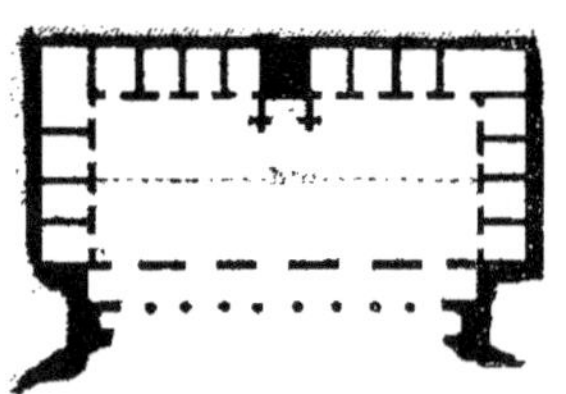

Fig. 3. — Plan du wihara de Kenrehi.

7. — Les religieux boudhistes creusèrent dans le flanc des collines rocheuses des cellules d'abord isolées, plus tard groupées en véritables monastères souterrains nommés *wiharas*.

Un wihara se compose de cellules alignées sur les côtés d'une salle commune servant de temple et contenant une niche réservée à la statue de Boudha.

TEMPLES BRAHMANIQUES.

8. — Un temple de *Brahma* consiste en un vaste souterrain, dont le plafond est supporté par des piliers réservés dans le rocher. Au fond, en face du portique d'entrée, s'ouvrent des pièces exiguës : celle du centre contient l'image de la divinité à laquelle est consacré le temple.

Comme on choisissait pour les parois les parties les plus consistantes du sol, les salles ne sont que relativement régulières en plan. Les piliers sont disposés en quinconce, et portent un plafond plat et assez bas dans lequel on a taillé des simulacres d'architraves.

Le temple proprement dit est précédé d'une cour ou terrasse taillée à pic dans le vif du rocher. Au centre de cet espace à ciel ouvert est le *bassin des ablutions* prescrites par le culte. Sur la terrasse on a réservé des *rochers sculptés* en forme de temples, de colonnes, d'éléphants, etc. Au fond de la cour est l'entrée du temple, formée d'un portique sur piliers.

Telle est la disposition qui se reproduit régulièrement dans les temples brahmaniques. Elle rappelle tout à fait celle des *spéos* égyptiens.

Remarquons que le dispositif architectonique réalisé dans ces grottes a pour point de départ la *construction en charpente*. Le plafond offre en saillie un système de sommiers avec sous-poutres, et parfois ces architraves s'entrecroisent et forment de véritables caissons.

Les rochers sculptés des terrasses constituent quelquefois comme de petits temples extérieurs, isolés. Ils affectent souvent des formes pyramidales et les allures d'édifices construits. Parfois ce sont des animaux, des colonnes massives, des figures humaines colossales ; les formes adoptées dépendent de la configuration du rocher, et les plus voisines sont souvent radicalement différentes. Parfois ce sont des pyramides massives, offrant quantité de gradins sculptés, entassés en retraite les uns sur les autres, et reliés par des moulures arrondies formant des corniches saillantes. Elles sont terminées en coupole ou en pyramidon; tous les étages offrent des parois verticales, ornées de motifs architectoniques.

9. — *Temple d'Éléphanta*. Dans l'angle Sud-Est de la rade de Bombay, à 7 milles de cette ville, se trouve la belle île d'*Éléphanta*, ainsi nommée à cause d'une statue grossière et colossale taillée dans le roc et représentant un éléphant qui lutte contre un tigre. Le temple souterrain auquel elle doit sa célébrité, est situé à mi-hauteur d'une des montagnes.

Hauteur du plafond: 5 m. 50.

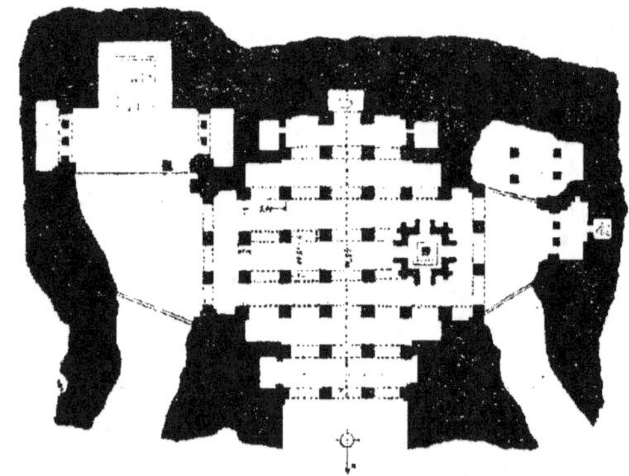

Fig. 4. — Temple de l'île d'Éléphanta.

Ce temple ne date que du VIIIe siècle. Son entrée principale est tournée vers le Nord. Une façade spacieuse creusée dans le porphyre le plus dur offre un triple passage entre deux gros piliers et deux pilastres ; à l'intérieur, le temple offre un vaste quinconce de piliers massifs, supportant un plafond architravé. Les piliers ont à peu près un mètre de côté et sont espacés d'environ 5 mètres. Il y a 7 travées, de l'entrée au fond du temple, y compris la travée du portique. L'allée centrale se termine par une niche qu'occupe un gigantesque buste à trois têtes, représentant sans doute la Trinité brahmaniste, nommée *Trimourti ;* image de *Brahma*, de *Vichnou* et de *Siva ;* notre gravure le reproduit fidèlement. Le temple offre de part et d'autre de l'allée cen-

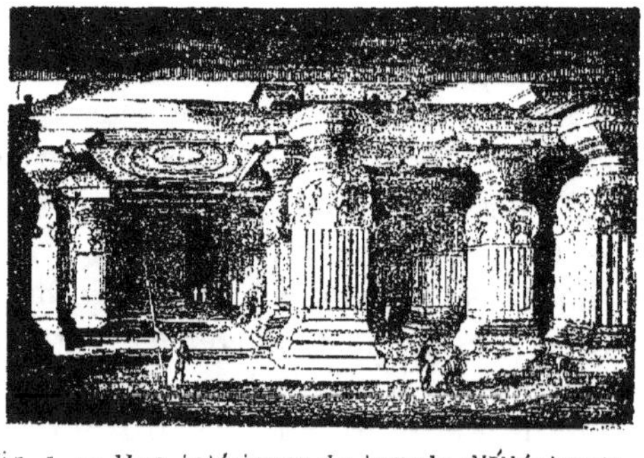

Fig. 5. — Vue intérieure du temple d'Éléphanta.

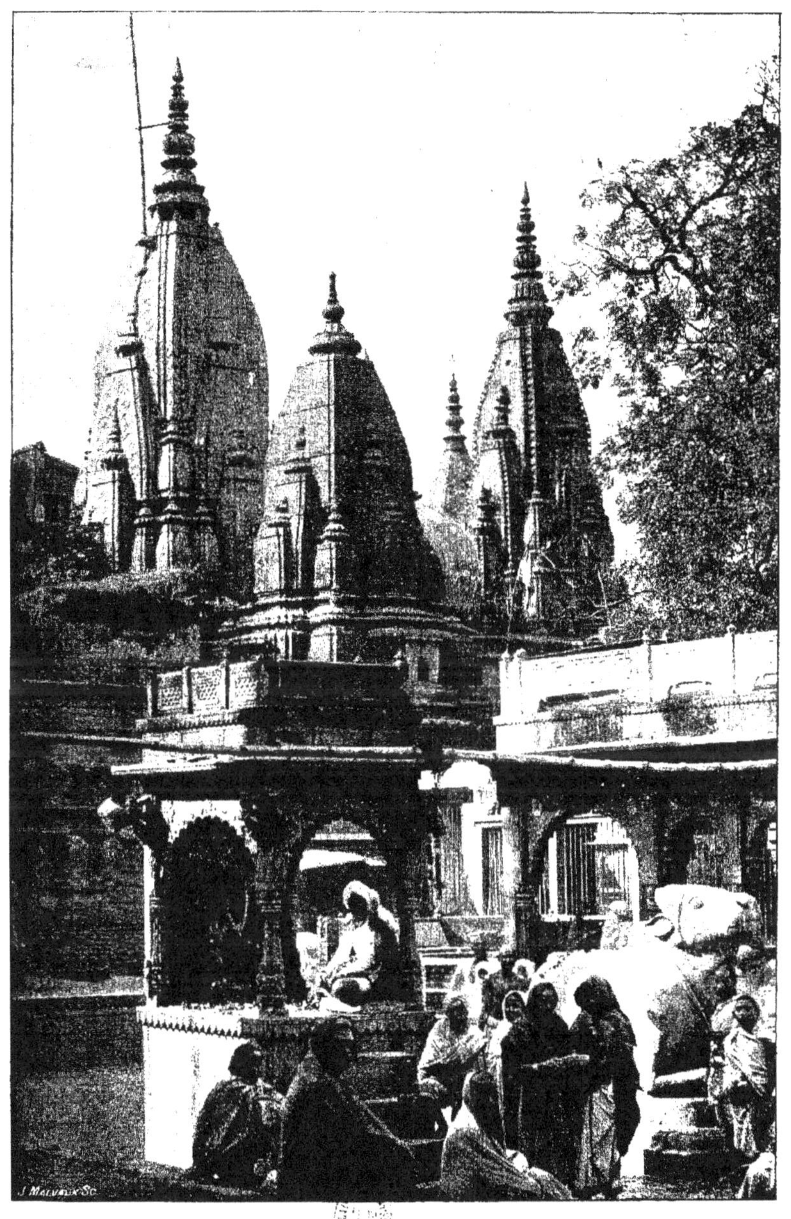

Bénarès. — Temple de Bisheswar (Siva) ou Temple d'Or.

trale, deux autres allées et deux portiques latéraux conduisant à des chapelles particulières et accessibles par des entrées latérales ouvertes dans des façades extérieures accessoires. La profondeur du temple est d'environ 43 mètres ; la hauteur, de $5^m,50$.

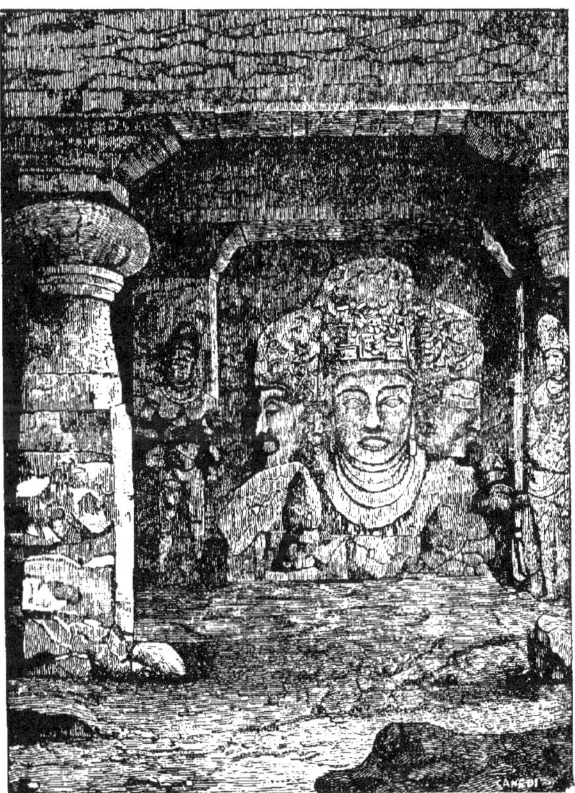

Fig. 6. — Le Trimourti.

Chaque pilier offre un fût cannelé très court et légèrement galbé, posant sur un piédestal carré ; il a pour chapiteau un coussin arrondi et godronné, qui supporte les architraves figurées dans le plafond par l'intermédiaire d'une sous-poutre.

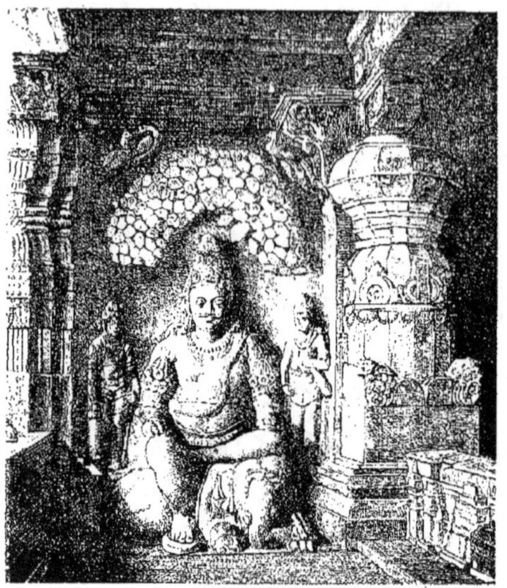

Fig. 7. — Idole brahmanique.

Une sorte de petit temple isolé se voit sur la droite de la grande salle.

10. — *Temple à Ellora.* Un autre temple souterrain remarquable est celui qu'on appelle le palais d'*Indra*, à Ellora, et qui date du IVe siècle. On y retrouve les piliers caractéristiques de l'architecture de l'Inde, portant de fausses architraves, et qui forment quatre rangées, dans la salle principale de l'étage.

On a consacré à Indra une suite d'autres grottes pratiquées dans le roc autour de la terrasse extérieure.

TEMPLES BOUDHISTES.

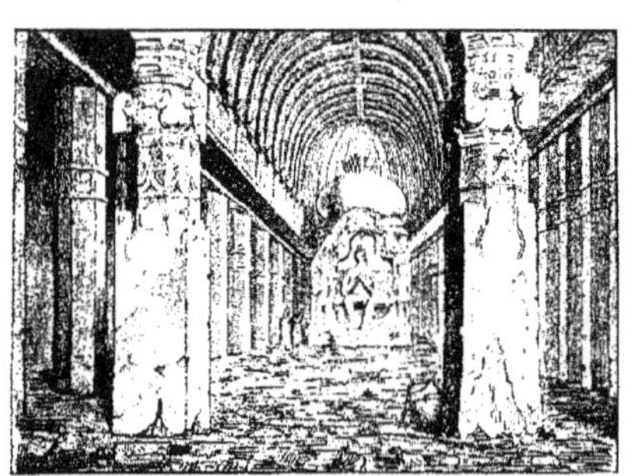

Fig. 8. — Chaïtya d'Ellora.

11. — Les temples boudhistes souterrains (*Chaïlyas*), produits d'une religion plus récente, sont cependant plus anciens que les temples brahmaniques. Ils sont également précédés d'une cour à ciel ouvert taillée à pic dans le roc ; mais ils ne s'ouvrent pas en portique ; ils sont au contraire fermés par une sorte de cloison ménagée dans le roc.

Le temple est partagé en trois nefs formées par deux rangées de piliers ; les nefs latérales sont étroites, et n'ont souvent qu'un

plafond plat ou une voûte en quart de cercle, tandis que la nef
centrale est couverte d'un berceau plein-cintre, parfois garni
d'arcs doubleaux peu espacés en bois de teck, auxquels, paraît-il,
étaient attachées des draperies ; le berceau n'est que simulé, bien
entendu. Au fond, les piliers s'alignent en hémicycle, et au centre
de ce rond point se place l'autel en forme de *dagoba*, qui, très
simple au début, s'enrichit plus tard et se développe, à mesure
que son origine s'oublie. Aussi dans le Chaïtya d'Ajuncta le dôme
devient ballonné et étranglé à la base, et le parasol en pierre forme
presqu'un second dôme.

On le voit, ces temples offrent la plus grande analogie avec les
basiliques chrétiennes ; il ne faut voir toutefois aucune corrélation
directe entre ces deux sortes d'édifices ; les mêmes besoins ont simplement engendré les mêmes formes.

Le décor du temple boudhiste est très sobre et contraste avec le
temple brahmanique par une grande simplicité et une structure
relativement rationnelle, quoiqu'en grande
partie fictive et transposée. Les formes de
structure dominent ici, tandis que les formes
d'imitation sont prépondérantes dans les
autres.

12. — *Chaïtya de Keneri.* Le plus remarquable des chaïtyas est celui de Keneri ou
Kenhari, dans l'île montagneuse et boisée
de Salcette, un des plus beaux monuments
de l'Inde antique. Une porte précédée de
6 marches conduit dans une aire carrée,
dans laquelle était un bassin. On franchit un
portique et l'on arrive, en traversant encore
une cloison percée de portes, dans le temple
proprement dit, longue salle de 13^moo de
largeur, sur 30 de profondeur, terminée en
hémicycle ; 34 supports la divisent en une
nef très large et deux autres basses et
étroites. La nef centrale est terminée en

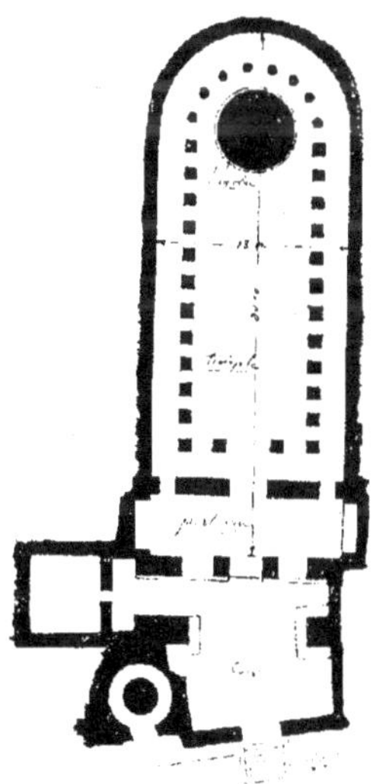

Fig. 9.

berceau, orné de nervures transversales. Les deux rangées de
piliers octogones se prolongent au rond point en une colonnade en

hémicycle ; au centre de l'abside, se dresse un rocher sculpté en
forme de *dagoba* monumental. La lumière qui pénètre par la baie
centrale de la façade, tombe directement sur cette sorte d'autel. Les
piliers, chargés de groupes de personnages et d'éléphants, re-
çoivent la pénombre et tranchent délicatement sur l'obscurité des
nefs latérales. L'effet produit par cet ensemble est un des plus sai-
sissants que l'homme ait imaginés. On attribue ce chaïtya boudhique aux IXe et Xe siècles ; toutefois L. Rousselet incline à le
faire remonter au IIIe. Les rochers à pic qui l'environnent renferment une quantité de chambres, qui font des deux côtés de la gorge
comme une ville souterraine déserte et silencieuse dans son site
sauvage.

13. — *Chaïtya de Karli*. La montagne de Karli, qui contient,
entr'autres temples souterrains, cette cathédrale boudhique, est
située à deux milles au Nord de la route de Bombay à Pounah ;
il mesure 35^m × 24-75 selon les mesures de Lord Valentia. Il offre
la même disposition d'ensemble que le temple de Keneri.

De chaque côté de la porte d'entrée sont représentées des dan-
seuses. Aux parois latérales du portique sont adossés treize éléphants
qui paraissent soutenir le rocher dans lequel ils sont sculptés. Tous
ces bas-reliefs, d'après les inscriptions relevées par M. Stevenson,
se rapporteraient à l'an 336 de notre ère. Ce temple rappelle d'une
manière étonnante les temples chrétiens, et il a la majesté d'une
grande église romane. La voûte cintrée est lambrissée en côtes de
bois de tek.

Les piliers ont d'étranges chapiteaux couronnés d'éléphants ([1]). Le
cintre de la voûte est en fer à cheval. Le *dagoba* qui se dresse au
fond, est ombragé d'un parasol nature.

14. — *Portes des temples*. Le mur droit qui forme l'entrée des
chaïtyas est percé d'une ou de plusieurs portes dont on voit un
spécimen dans la gravure ci-contre. Au-dessus de la porte centrale,
en face de la nef, s'ouvre une large arcature en *fer à cheval*, entourée
d'une courbe en accolade (v. fig. 11). Cette baie, qui seule éclaire
l'intérieur du temple, était autrefois fermée de claires-voies en pierres
où en bois dont on a retrouvé des débris.

1. V. *Voyage pittoresque en Asie et en Afrique*, par D.-B. Egris, t. I, pages 310 et 275.

Cette baie représente manifestement un pignon ouvert, en charpente. Elle conserve le souvenir de la *cabane sacrée*, dont le croquis ci-après (fig. 12) offre une reconstitution présumée d'après M. H. Mayeux([1]). Le gable des pignons saillants est formé de bois courbés à l'instar de ceux que l'industrie moderne a imités chez nous des

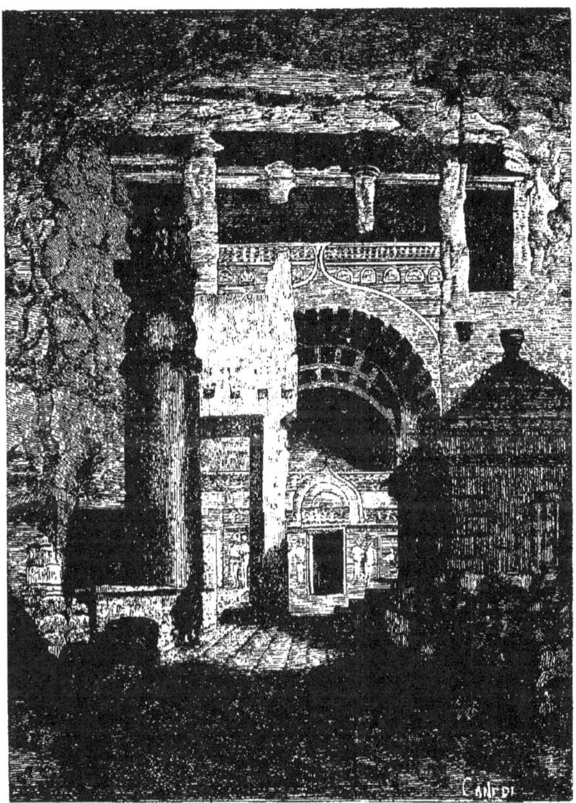

Fig. 10. — Temple de Karli, façade.

meubles japonais et appliqués à la confection des chaises. Cette transposition des formes est trop curieuse, pour que nous ne nous y arrêtions pas un instant.

Dans la cabane indoue, les gables et sans doute aussi les fermes

1. *Encyclopédie d'Architecture*, t. V, p. 209.

du comble étaient formés de bois, liés et pliés en *cintre*, savoir : un cintre médian en demi-cercle (fig. 13), se prolongeant verticalement suivant la direction des poteaux ; un cintre interne, rentrant vers l'intérieur en fer à cheval pour se raccorder et se relier à un blochet horizontal ; un cintre externe se raccordant de même par le bas au

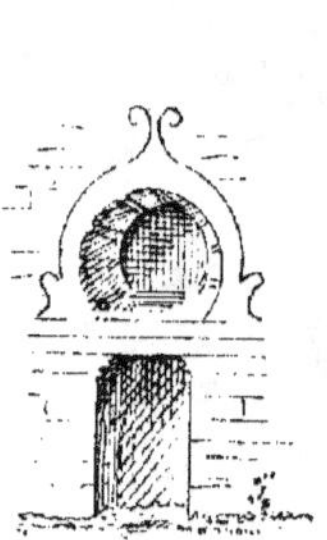

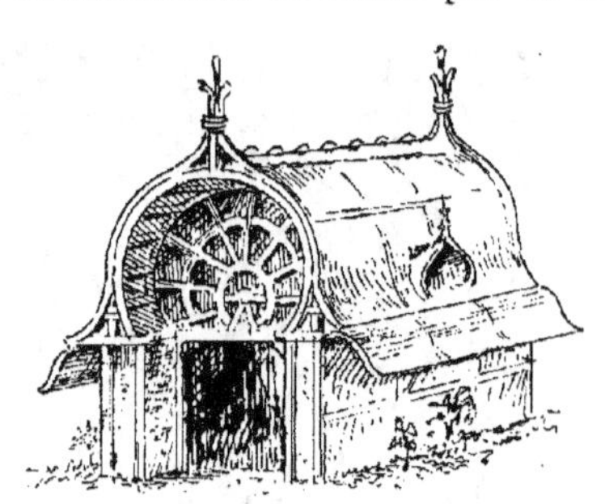

Fig. 11.   Fig. 12.

Cabane sacrée.

blochet, et vers le haut, au poinçon ; toutes ces pièces, rendues solidaires par des ligatures ligneuses. A l'intérieur du comble, les fermes consécutives sont réunies par des pannes. Ces dernières expliquent les traverses saillantes qui redentent l'intrados de la baie du temple, taillée à pic dans la pierre ; de même la combinai-

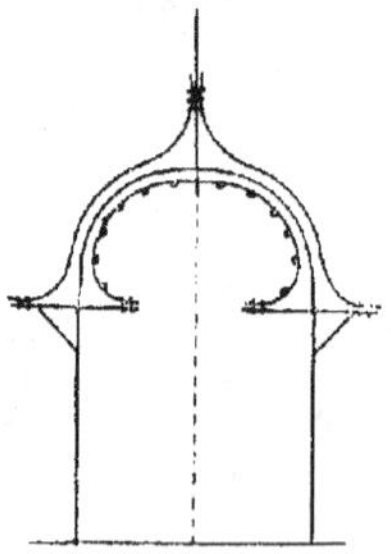

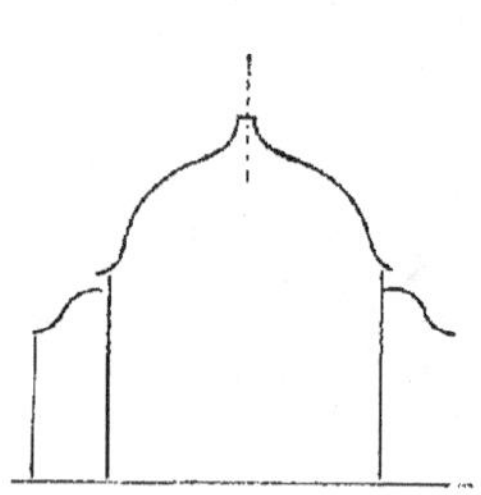

Fig. 13.   Fig. 14.

son de trois cintres nous fournit l'origine du cintre en fer à cheval de l'arcature lapidaire, et de la courbe ou accolade qui surmonte le cintre.

On remarquera enfin, que le comble primitif offre à chaque versant un profil en doucine, qui a été tout naturellement reproduit dans l'étroit appentis, établi aux flancs de la cabane pour en protéger les parois. Il ne serait pas trop risqué de voir dans ce profil l'origine de celui du tope de Manikigala, dont on s'occupera plus loin.

Le schema que nous venons d'étudier, explique non seulement la genèse des formes d'ensemble et de détail de la porte, mais encore la coupe du temple lui-même, avec son berceau central, et les demi-berceaux des bas-côtés, et avec ses nervures transversales. Au surplus, la forme de comble cintré se retrouve partout dans la superstructure des grands édifices et dans les édicules accumulés à titre de décor sur les pyramides des pagodes.

COLONNES ET PILIERS.

15. Les supports des temples indous sont très variés, mais peuvent se ramener à 3 types ou ordres:

1º) *Le pilier carré* ou *orthogonal*, n'ayant d'autre ornement que deux bandeaux à la partie supérieure (fig. 15).

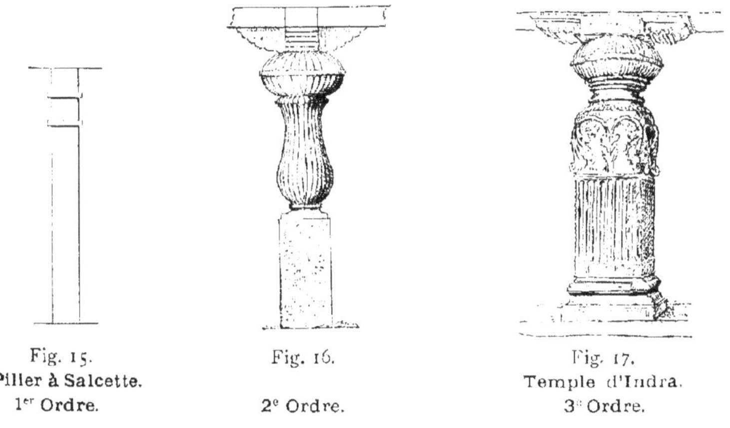

<table>
<tr><td>Fig. 15.
Pilier à Salcette.
1er Ordre.</td><td>Fig. 16.

2e Ordre.</td><td>Fig. 17.
Temple d'Indra.
3e Ordre.</td></tr>
</table>

2º) *Le support* composé à *fût galbé*, dont les trois parties, contrairement à la règle générale, ont la même importance. La base est tout un piédestal, de section carrée ; le fût présente une forme sinueuse ; le chapiteau figure un coussin rond, une masse molle sphéroïdale, qui semble s'être aplatie et dont le débordement aurait été retenu par des liens. L'architrave est soutenue par des sous-poutres en forme de doubles consoles (fig. 16).

3°) Le support à *campanule ;* le temple d'Indra offre des piliers dont le fût a la forme d'une cloche renversée ornée de feuilles, forme également bizarre et peu rationnelle, car un support doit présenter une apparence de rigidité ; ici l'on trouve une forme compressible. Cette partie en cloche renversée pose sur un soubassement ayant une sorte de base ; elle supporte elle-même, par un coussin rond et les sous-poutres, les architraves croisées (fig. 17).

Si l'on compare ces formes capricieuses à celles adoptées par des peuples qui ont raisonné leur architecture, on doit dire que l'architecture des Indous n'est guère un art constructif, mais un amoncellement des symboles taillés dans la pierre.

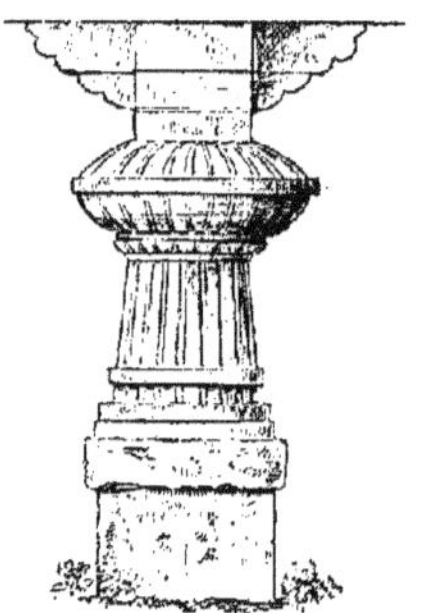

Fig. 18. — Pilier d'Éléphanta.

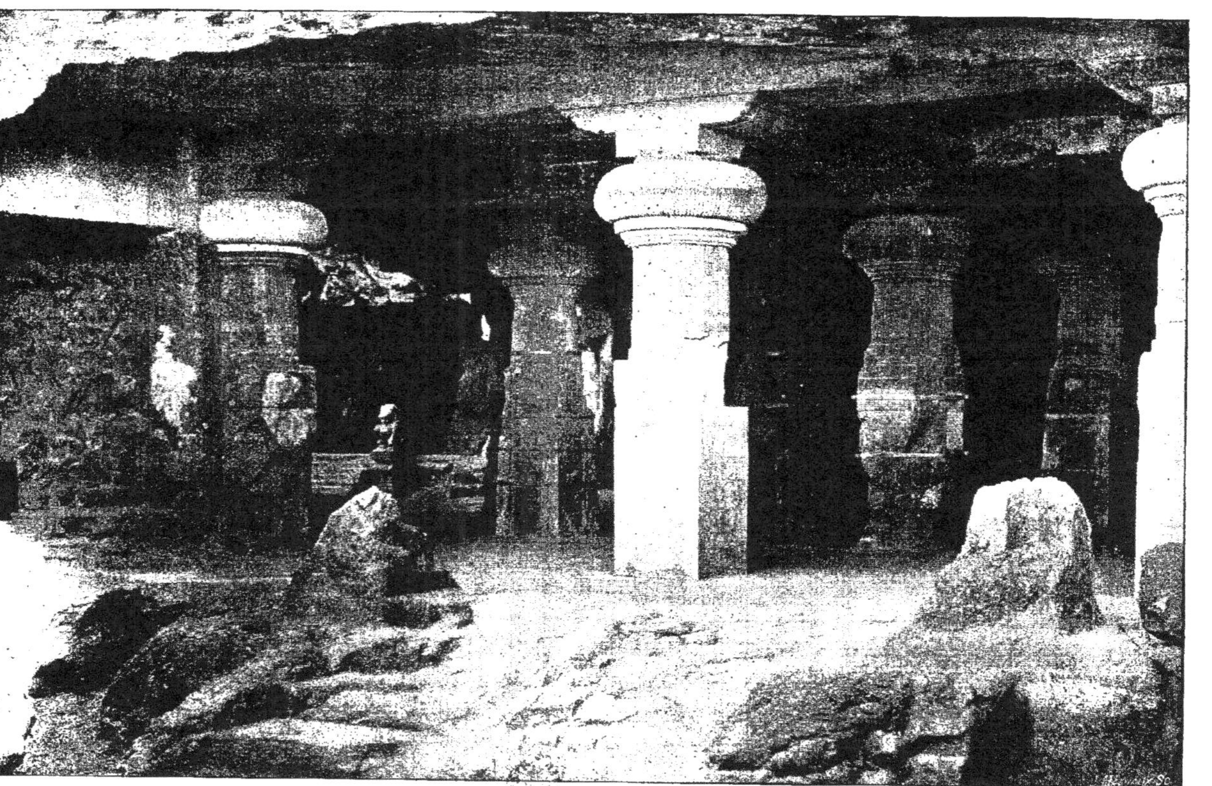

Bombay. — Temple d'Élephanta.

p. 27-28.

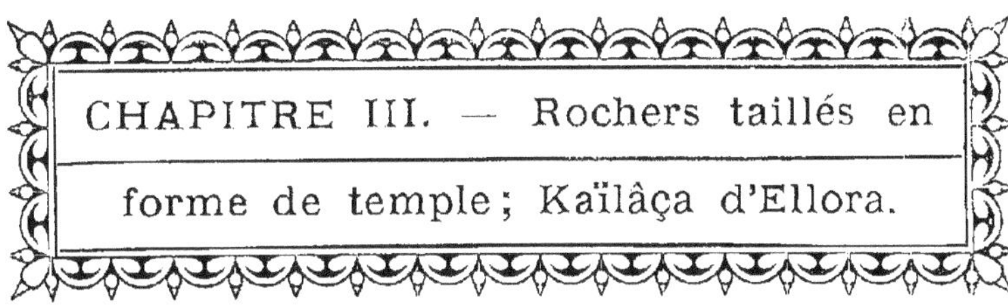

16. — Dans le centre de l'Inde, sur la côte de Malabar, se dresse la montagne de Rosah, qui renferme les excavations célèbres d'Ellora, formant un groupe de trente ou quarante temples; on y trouve quatre *chaïtyas*, vingt-quatre *wiharas* boudhiques ; et aussi des caves de style Jaïna, réunissant les caractères des deux autres.

Parmi ces excavations curieuses d'Ellora, en partie souterraines et en partie isolées, on distingue surtout le Kaïlâça, monument consacré à Siva, dans lequel on a prétendu reproduire la demeure céleste de ce dieu, placée par la mythologie indienne au sein de l'Himâlaya, au delà du lac Mânaça ; et en effet, rien n'est plus propre que ce monument à frapper l'imagination et à la disposer à cette erreur, qui aime à prendre l'œuvre humaine pour un ouvrage divin. Les voyageurs européens poussent des cris d'admiration à la vue de cet étrange monument, et ne trouvent pas étonnant, que les naturels en attribuent l'origine à l'art merveilleux des génies. Telle est, dit Gailhabaud, la hardiesse de l'entreprise, le bonheur de l'exécution, la beauté du plan, la richesse des détails, la variété des ornements, que l'on conçoit la stupéfaction naïve d'un peuple, qui ne trouve rien de plus simple, que d'expliquer l'existence de ces ouvrages par l'intervention d'un être supérieur.

Ce temple, spécialement dédié à Siva, est en même temps une sorte de panthéon des divinités indoues. Taillé dans le granit rouge des Ghattes, il doit être envisagé surtout comme un des monuments les plus prodigieux qui aient été taillés à ciel ouvert au sein des montagnes.

« Qu'on se figure, dit un voyageur, un bloc de basalte haut de 120 pieds et de 600 pieds de circonférence. Ce bloc, avec une incroyable audace, on l'a découpé dans la montagne même, on l'a isolé au milieu d'une cour, cour que l'outil des patients indous a conquise aux dépens de la carrière basaltique. Puis, ce bloc ainsi dégagé, ces étonnants ouvriers l'ont taillé comme un statuaire fait d'un morceau d'ivoire. De cet énorme monolithe ils ont fait un temple, qui n'a pas été bâti dans le vrai sens du mot, mais un temple unique au monde, digne de rivaliser avec les édifices les plus merveilleux de l'Inde. »

Le Kaïlâça, siège des bienheureux, s'élève au milieu d'une vaste

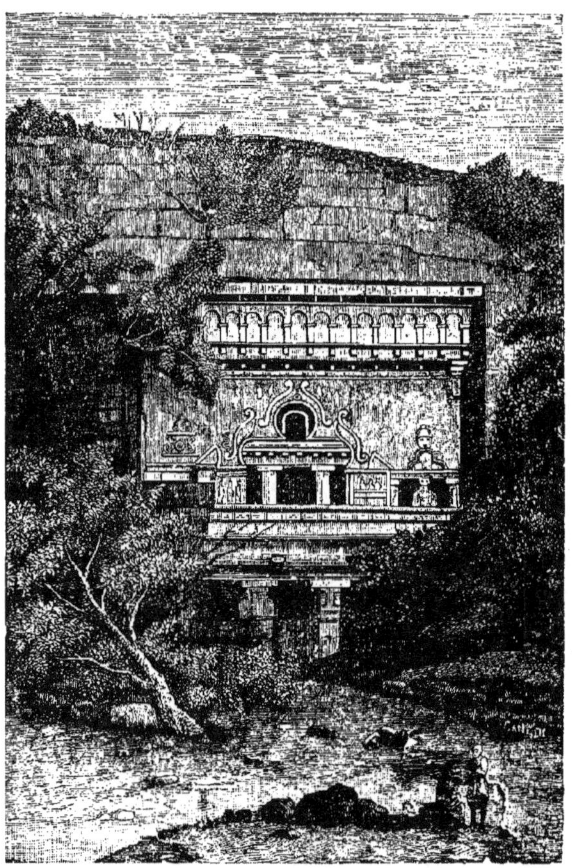

Fig. 19. — Façade du Kaïlâça d'Ellora.

enceinte, de 75 × 45 mètres, taillée à pic à l'intérieur du rocher de basalte, à 100 pieds de profondeur. Dans le même rocher on a réservé en outre des ponts, des galeries, des monuments isolés, tout un ensemble merveilleux (¹).

1. V. Ch. Malet, *Recherches asiatiques*, t. VI.

Nous donnons, d'après Gailhabaud (¹), dont nous reprenons la description détaillée, le plan du Kaïlâça, tel qu'il a été dressé sur les lieux en 1794, par M. James Manley, sous la direction de Sir Charles Malet.

« Ce monument n'a point été exécuté comme ceux qui l'environnent, c'est-à-dire, creusé souterrainement ; il est taillé dans le roc vif, et complètement détaché de la montagne ; et quoique toutes ses parties ne forment qu'un seul et même bloc, il a néanmoins toute l'apparence d'un édifice construit pierre à pierre ; aussi constitue-t-il réellement une catégorie à part, que nous appellerons *monuments extérieurs.* »

Le Kaïlâça, véritable cathédrale indoue, passe avec raison pour le plus merveilleux des monuments de l'Inde ; trois parties principales composent principalement son ensemble : le pavillon d'entrée avec deux ailes en façade, la chapelle de Nandî et le grand temple. Le portique s'ouvre à l'Ouest, vers le bas de la montagne.

La façade, qui s'ouvre vers l'Ouest, offre deux avant-corps à droite et à gauche, et au centre, un pavillon d'entrée orné de pilastres, entre lesquels se dressent de gigantesques figures. Ce dernier contient cinq pièces surmontées d'un étage, s'ouvrant sur l'aire extérieure par une fenêtre en balcon, où sans doute, dans les occasions solennelles, se plaçaient des musiciens. Les trois pièces du milieu, décorées de sculptures, servent de passage, et mènent à la cour intérieure. Des deux pièces latérales on monte à l'étage supérieur, d'où l'on arrive à un pont de pierre.

De dessus ce pont, on domine la cour intérieure. Par huit degrés, on monte à la chapelle de Nandî, compagnon du dieu Siva. Cette chapelle forme un carré dont le côté a 16 pieds 3 pouces ; ses parois sont couvertes de sculptures, et l'intérieur est éclairé par deux fenêtres ouvertes à droite et à gauche sur la cour intérieure. On sort de la chapelle par une porte placée en face de celle d'entrée ; on trouve un nouveau pont de pierre de 21 pieds sur 23, et de cet endroit on a la vue du temple principal, dont l'élévation, à partir du sol de la cour intérieure, est de 90 pieds.

« L'œil, poursuit notre auteur, est émerveillé d'abord à l'aspect d'un portique supporté par deux piliers en avant, et en arrière par deux

---

1. *Monuments anciens et modernes.*

pilastres. On monte trois degrés, et on pénètre sous un péristyle garni d'une balustrade de pierre ; on y arrive également de la cour intérieure par deux escaliers de trente-six marches. De ce péristyle, on monte encore quatre degrés et par une porte gardée à droite et à gauche par des statues gigantesques, on entre dans un temple dont la longueur est de 61 pieds, et la largeur de 55. De la porte à l'extrémité de la terrasse dont nous allons parler, on compte 103 pieds. Le plafond, élevé de 17 pieds, est soutenu sur quatre rangs de piliers, au nombre de seize, et sur des pilastres au nombre de

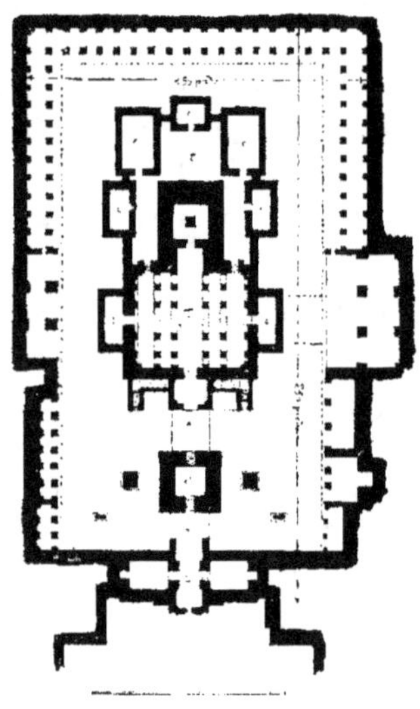

Fig. 20.

vingt ; mais les piliers, dans le milieu, se trouvent espacés de manière à présenter l'apparence d'une croix grecque. Les deux bras de cette croix conduisent à deux portes aussi grandes que celle d'entrée, et qui donnent sur deux porches latéraux. Le porche méridional tenait autrefois par un pont, qui est maintenant brisé, au pan opposé de la montagne, dans lequel on avait ménagé sans doute les appartements des prêtres. La voie du milieu, qui part de la porte du temple, aboutit au sanctuaire, dans lequel on monte par cinq degrés, et où se trouve le symbole révéré de la reproduction des êtres. Dans les intervalles des pilastres, on voit s'élever de magnifiques sculptures, et le plafond, qui est recouvert d'un stuc nommé *tchoûrna*, conserve encore les traces de peintures que le temps ou la fumée des feux allumés par la fureur d'Aureng-Zeb n'a pu entièrement effacer. »

Au fond du temple, à droite et à gauche du sanctuaire, sont deux petites portes qui communiquent à une terrasse, laquelle règne autour du sanctuaire, et dessert la communication avec cinq chapelles carrées, de grandeur inégale, placées en saillie, deux sur les côtés, et trois en arrière du sanctuaire. De nombreuses sculptures mythologiques ornent les trois du fond. Le sommet du temple, autour duquel les chapelles sont groupées, se termine en une espèce de dôme de forme pyramidale, où le génie des artistes indous a répandu une étonnante profusion de décorations et d'ornements divers ; du sol de la terrasse, la hauteur du grand temple est de 50 pieds.

Descendons maintenant dans la cour qui règne autour du monument. A la hauteur du pont qui joint le pavillon d'entrée à la chapelle de Nandî, se trouvent des deux côtés deux éléphants gigantesques, qui semblent placés là comme les deux chefs de ces éléphants sculptés dans les soubassements du temple, qui paraissent le soutenir de la même manière que, dans la mythologie indienne, les éléphants divins portent le monde.

Derrière la chapelle de Nandî, s'élèvent de part et d'autre deux obélisques, qui probablement étaient surmontés d'un lion.

En passant du côté méridional de cette cour vers la partie septentrionale, par-dessous le pont qui précède la chapelle de Nandî, on observe, en face de l'entrée, contre le soubassement occidental de cette chapelle, un grand bas-relief représentant la déesse Lakchmî, assise sur le lotus sacré au-dessus des eaux. Deux éléphants se lèvent de chaque côté, pour renverser sur la divinité le vase des ablutions ; vers le bas, deux autres éléphants, ornés de leurs clochettes, sont occupés à remplir chacun un vase. A droite et à gauche sont deux statues montées sur un piédestal, et représentant les deux gardiens de Lakchmî, armés de quatre bras.

Toutes les merveilles signalées dans le Kaïlâça ne sont pas encore racontées. La cour est enceinte de longues galeries, dont quelquesunes ont plusieurs étages. Le côté septentrional, en partant de l'angle occidental, offre d'abord plusieurs grottes précédées de piliers et de pilastres. La plus remarquable de ces excavations est au deuxième étage, en face du porche septentrional du grand temple ; on lui donne le nom de Para-Lankâ. On y arrive par un escalier de vingt-sept marches. Ce petit temple, consacré également au dieu Siva, mesure 70 pieds de long sur 61 de large ; sa hauteur est de 14 pieds ; il est soutenu sur de larges piliers, et orné de magnifiques sculptures.

En descendant de ce temple, on entre dans une galerie à trois portiques portées sur des piliers. Les intervalles des pilastres correspondant aux piliers sont remplis de sujets empruntés à la mythologie indienne, et ce vaste cloître offre à l'admiration du dévot indien une espèce de Panthéon.

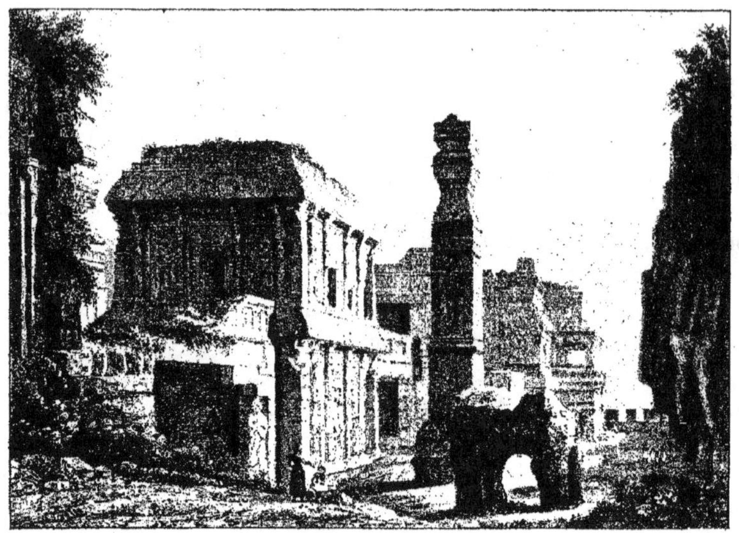

Fig. 21. — Kaïlâça d'Ellora.

La gravure représente le côté Sud de la cour : à gauche, on voit les trois grands massifs qui forment l'ensemble du monument: une partie du pavillon d'entrée et le pont qui conduisait à la chapelle de Nandî ; la chapelle de Nandî, couverte de sculptures ; enfin le grand temple porté tout entier sur le dos des éléphants taillés à la partie inférieure. Au fond, on aperçoit une portion de la galerie mythologique, et sur la droite, le lecteur peut remarquer le pan méridional de la montagne, dans lequel l'artiste a tranché au vif.

Gailhabaud, s'attachant à rendre compte du sentiment d'admiration qui saisit ici le spectateur : « Qu'est-ce donc, dit-il, qui frappe ainsi l'esprit, et le ravit en extase ? Ce n'est pas l'élévation du monument: les formes en sont naturellement lourdes, et comme écrasées ; ce n'est point l'extrême régularité des lignes : l'inégalité du terrain a fait quelquefois violence à l'art ; ce n'est point la variété du dessin ; tout y affecte une figure carrée ; ce n'est pas le nombre des ornements : ils y sont jetés avec trop de profusion. Mais c'est qu'ici un vaste ensemble de travaux atteste la puissance de l'homme, et réveille dans le témoin de ces efforts presque surhumains un juste sentiment d'orgueil. Il applaudit au génie de l'artiste qui a commandé à la masse de pierre de s'équarrir en chapelles et en piliers, de s'arrondir en sculptures, de se diviser, de se fondre en salles immenses, en portiques. La pierre partout a obéi, et l'intelligence souveraine de l'homme brille dans chaque partie, quelque imparfaite qu'elle puisse être d'ailleurs sous le rapport de l'art. L'uniformité des lignes dispose l'âme au calme religieux ; la variété des ornements la distrait et l'agite. Si ces plafonds abaissés ne l'élèvent pas vers son dieu, il semble qu'en pesant sur elle, ils lui font sentir ce dieu de plus près. Être unique, formes multiples, voilà le grand mystère de la religion indienne, et ce mystère se trouve en quelque manière représenté par ce monument, qui joint à son système d'unité une si grande multiplicité de détails. Quelle qu'ait été la pensée de l'auteur, la témérité de l'entreprise, la sagesse de l'ordonnance, la verve de l'exécution surprend, charme, transporte. Tel a été l'effet produit sur les voyageurs européens eux-mêmes, qu'ils disent qu'il faut le voir pour l'apprécier. »

Il paraît que le palais de Siva, que reproduit la fig. 21, exécutée d'après Gailhabaud, ne remonte guère qu'à l'an 1000 de l'ère chrétienne. Cependant ce monument n'offre guère de différence sensible avec les temples primitifs, quant à ses procédés d'exécution. Il faut en conclure, que le développement de l'art a été presque nul durant ce millier d'années.

Il faut chercher la cause de cette immobilité de l'art indou dans l'absence de tout principe de construction. Pour l'Indou l'art n'est guère qu'une *pure œuvre d'imagination.*

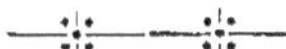

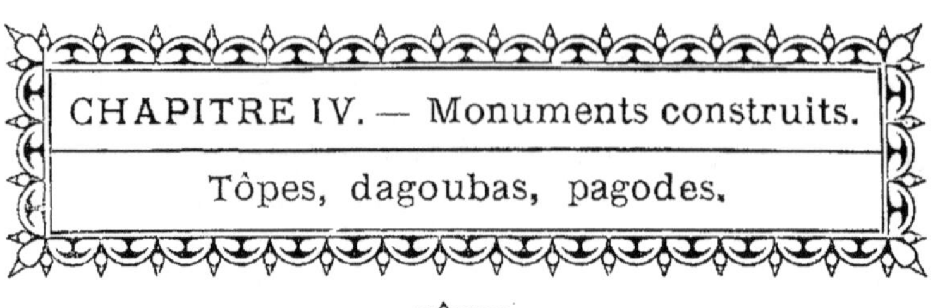

TÔPES.

17. — Parmi les monuments construits consacrés au culte de Boudha, l'on rencontre d'abord des édifices isolés nommés *tôpes* ou *stoupas*. On en a élevé une multitude dans l'Inde pour y conserver les reliques de Boudha ou de ses premiers disciples. Le roi Azoka passe pour en avoir érigé 84,000, chiffre évidemment légendaire.

Les tôpes sont des constructions circulaires, sorte de *tumuli*, con-

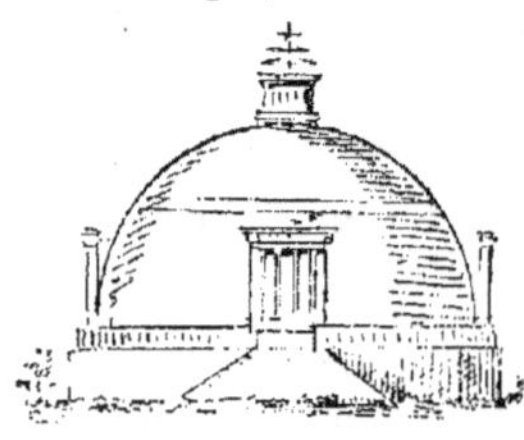

Fig. 22.
Tôpe de Manikiyala.

sistant en une masse sphéroïdale, souvent exécutée en grosses briques assises sur un soubassement circulaire maçonné. Ils servaient de piédestal à un autel destiné à recevoir les reliques. Le reliquaire *(Ti ou Tre)*, était surmonté d'un triple parasol, emblème de la puissance. Le soubassement, auquel on accédait par des rampes, formait parfois une terrasse en saillie autour du dôme (¹).

Il était garni d'une balustrade en pierre. Une autre balustrade en pierre, assemblée comme une construction en bois, formait une enceinte autour du tôpe.

18. — A *Sanchi*, près de Bhilsa, dans le Bophal, sont groupés une trentaine de tôpes. Le plus grand date de l'an 250 avant J.-C. ; il a 36 mètres de diamètre au soubassement ; il est entouré d'une enceinte, qui nous montre, réalisée en pierre, cette balustrade boudhique en bois, qui figure si souvent dans les bas-reliefs. Elle

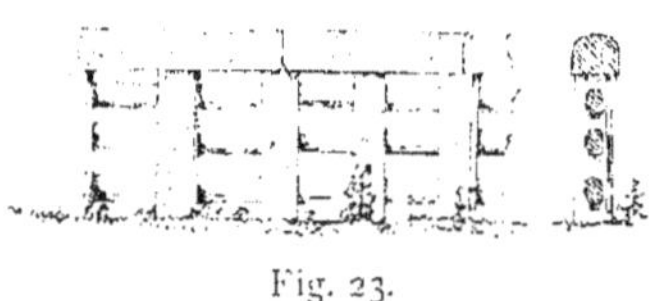

Fig. 23.

est percée aux quatre angles de portes, plus récentes et fort curieuses, sortes d'arcs de triomphe en pierre, figurant une construction en bois, et couvertes de remarquables sculp-

---

1. Il ne s'agit pas ici d'une coupole véritable, la sphère est massive, ne contenant d'autre creux qu'un puits à reliques.

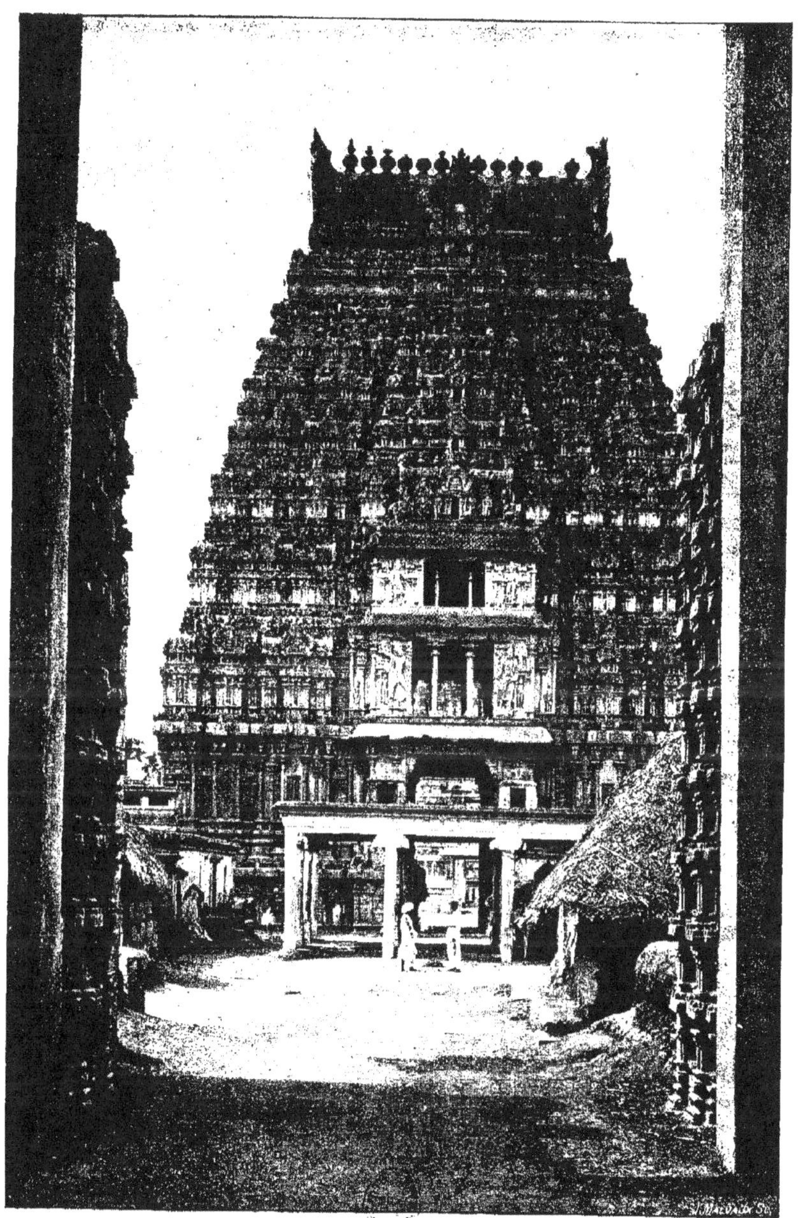

Trichinopoly-Sijringham. — Pagode orientale.

tures. Le tôpe lui-même est composé d'assises annulaires, retraitées progressivement de la base au sommet. Ce tôpe se voit reproduit dans les musées des moulages, notamment au Trocadero à Paris et au musée de l'Art monumental à Bruxelles. L'ensemble est figuré en réduction, mais l'une des fameuses portes a été moulée en grandeur d'exécution.

« On ne peut, dit un voyageur (¹), décrire l'impression que l'on éprouve en face de l'immense monument qui a rendu le nom de Sanchi célèbre. Tout y est grandiose et mystérieux. Quatre portes monumentales ont été érigées devant les entrées de la colonnade cyclopéenne qui l'entoure. Ces merveilleux arcs de triomphe, admirablement sculptés et couverts de délicats bas-reliefs, constituent aujourd'hui la partie la plus intéressante des restes de Sanchi ; on peut dire sans exagération que, depuis, l'art asiatique n'a rien produit de comparable. » (Suit une description détaillée des bas-reliefs.) Ils datent des premières années de l'ère chrétienne. La porte du Nord, haute de 10 mètres, large de 6 mètres, est la plus remarquable. Elle est ornée de bas-reliefs, retraçant des scènes de la vie de Boudha. »

Un des tôpes indous les plus importants est celui de *Maniki-yala*, sur la rive gauche de l'Indus, aux environs d'Atok. Il offre 95 pieds de circonférence. Il est établi sur un système de gradins en marbre. Son soubassement cylindrique, de $2^m,43$ de hauteur, est orné de pilastres à son pourtour, distants de $1^m,85$. La corniche, très saillante, présente un profil curviligne, en doucine au-dessus, refouillé au-dessous. Plus haut une retraite de $0^m,40$, puis une seconde zone cylindrique complètement lisse. Sur cette sorte d'attique prend naissance le sphéroïde terminal, formé de gros blocs de granit.

Aux quatre côtés s'élevait un groupe de cinq colonnes, d'un ordre d'origine persique, surmontées d'animaux, dont les fûts ont servi plus tard aux colonnes commémoratives (²).

Le monument s'élève sur un tertre, entouré d'une enceinte formée de plusieurs rangs de colonnes. Au sommet s'ouvrait un puits descendant dans une cavité destinée à recevoir les reliques.

---

1. *Album des missions catholiques*, Asie, 109. Desclée, De Brouwer et Cⁱᵉ.
2. H. Mayeux, *Encyclopédie d'arch.*, t. V, p. 204.

Certains tôpes, montés sur un haut soubassement, semblent expliquer la transition du tôpe au dagoba et de celui-ci à la tour de la pagode.

DAGOBAS.

19. — Le *dagoba* ou *dagob* est un petit monument construit en imitation du tôpe et recouvert comme lui d'un enduit de stuc blanc. Le soubassement primitif ne parait plus en saillie, mais la balustrade de la plateforme et celle de l'enceinte y sont encore exprimées en bas-relief. Le *ti* subsiste en effigie avec son parasol en pierre ou en bois. D'abord dénué d'ornements, le dagoba fut ensuite orné d'une figure de Boudha.

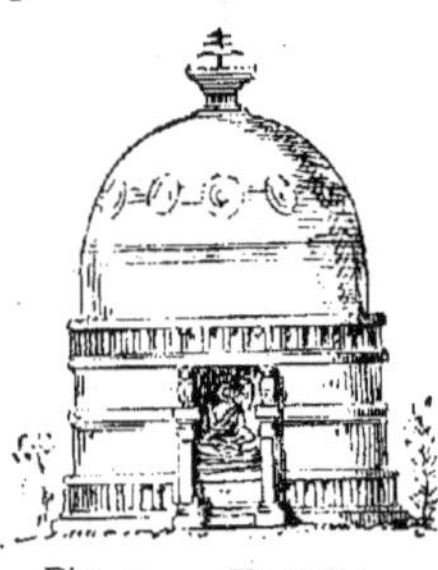

Fig. 24. — Dagoba.

On voit encore quelques dagobas élevés à l'extérieur dans l'île de Ceylan ; mais on ne les retrouve guère plus dans la presqu'île de l'Indoustan que dans les temples souterrains, où ils remplissent le rôle de maître-autel.

PAGODES.

20. — Les pagodes ou *wimânâ* sont les créations les plus récentes de l'art indou ; elles sont en général contemporaines de nos monuments du moyen âge. On nomme pagode un temple à ciel ouvert, une « maison sainte », selon l'étymologie du mot. Les pagodes comportent un ensemble de constructions, sanctuaires, salles, galeries, comprises dans une enceinte et dominées par des pyramides équivalant aux tours des temples chrétiens.

Les grandes pagodes se rencontrent dans les régions du Sud. Leurs oratoires, leurs abris hypostyles et leurs portiques offrent un développement énorme, et de colossales pyramides à étages en retraite signalent le sanctuaire et les entrées.

21. — *Tours.* Dans le Nord de l'Indoustan, notamment dans la province d'Orissa, les pagodes n'offrent pas, comme dans le Midi, des salles portées sur des colonnes, ni des pyramides à faces planes, à étages superposés et à arêtes rectilignes ([1]). Ce sont des tours aux faces convexes, au galbe curviligne, tronquées, terminées par une sorte

1. Batissier, *Histoire de l'art monumental*, p. 3.

de melon aplati ; l'ensemble est garni de saillies continues dans le sens vertical, de sortes de côtes symétriquement distribuées. Le plan, toujours le même, est rigide et mathématique. Les proportions des tours sont régies par un canon invariable. D'après ce canon, les murs occupent les $^4/_{10}$ du plan, l'espace libre, les $^6/_{10}$. De là un aspect majestueux et une solidité indestructible. Les lignes verticales multipliées produisent un aspect d'élancement. L'appareil est très soigné, la maçonnerie est crénelée simplement ; on a fait usage non seulement de crampons en fer, mais encore de puissantes architraves en fer forgé ([1]).

La province de Rajpontana offre également des pyramides curvilignes, simples à l'extérieur comme à Orissa, mais plus compliquées en plan, et disposées, quant au plan, en forme de double croix. Elles sont entourées d'une enceinte extérieurement ornée d'une multitude de statues et garnie de chapelles. L'art de sculpter la pierre atteint ici son apogée.

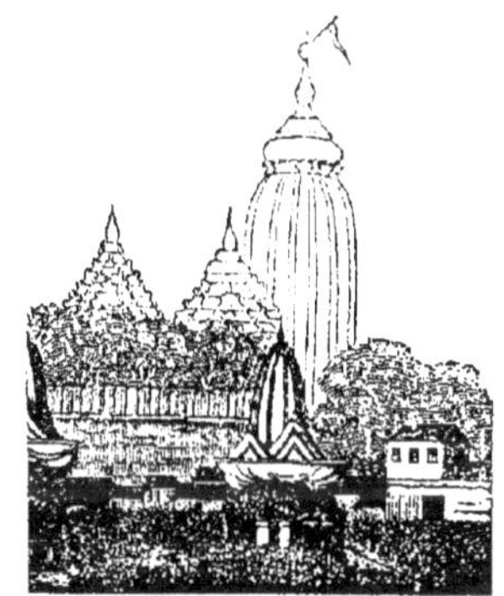

Fig. 25.

La fameuse colonne de Delhi, appelée Routab-Minar, qui se dresse comme une tour à la hauteur d'une flèche de cathédrale, est un dérivé et comme une amplification de ces tours étranges. Elle constitue déjà ce qu'on appelle un *minareh*. (V. page suivante.)

La province de Guzerat se montre pénétrée d'éléments musulmans comportant de nombreux minarehs.

22. — *Pyramidales.* Le temple proprement dit offre souvent dans la partie méridionale de l'Inde, la forme d'une pyramide façonnée dans le roc naturel ou dans des massifs artificiels de rochers. Elle contient un sanctuaire et quelques salles annexes. Les édifices de cette espèce datent en général du VIe siècle. On en trouve le spécimen le plus caractérisé dans la pagode à plan carré de Mahavellipore. Au-dessus d'un soubassement sculpté s'élève une pyramide à trois ressauts, sur lesquels on voit alignées une suite de cabanes en

1. D^r. Le Bon, *La civilisation de l'Inde.*

miniature. Leur ensemble est couronné par un pavillon central et

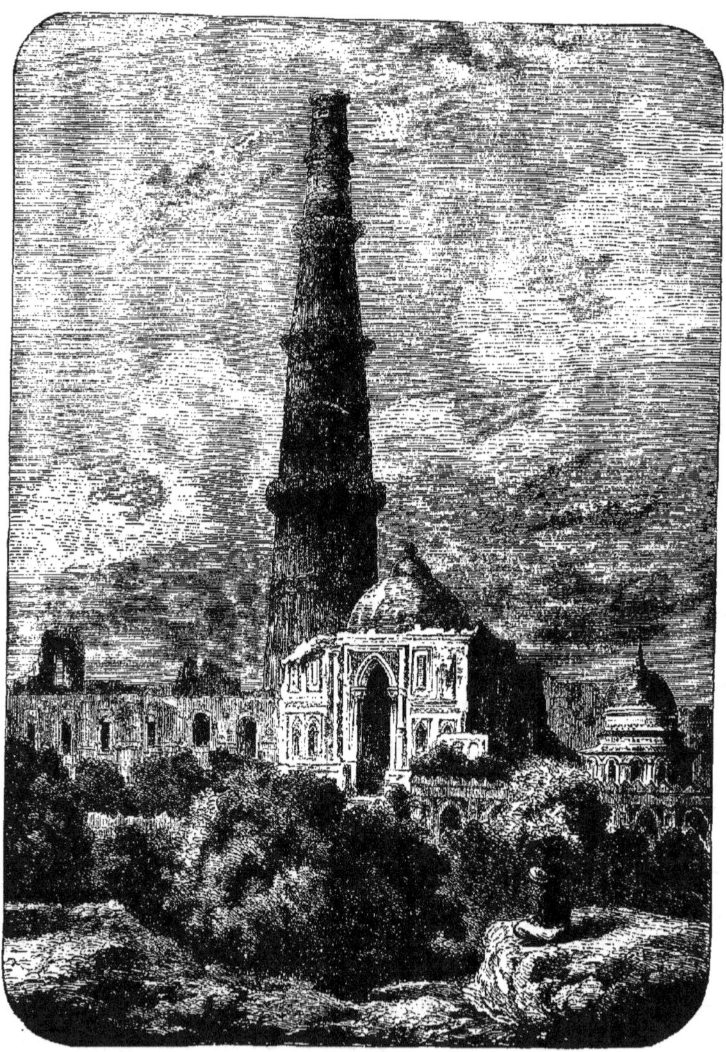

Fig. 26. — Minareh de Delhi.

terminal. Les degrés eux-mêmes simulent des appentis ornés de gables en fer à cheval. Cette pagode présente donc la forme d'un édifice, dont l'immense comble est formé d'une accumulation d'édicules et d'appentis semblant figurer des retraites de moines boudhistes groupées autour du sanctuaire sur la montagne sacrée. Tels devaient être les viharas primitifs en bois, qui ont vraisemblablement précédé les excavations dans le roc.

GRANDES PAGODES.

23. — Les pagodes du Midi sont, parmi les monuments indous, les seules grandes constructions proprement dites édifiées au-dessus du sol en matériaux rapportés. Une pagode est formée d'une série de constructions diverses, aussi complexes que celles des temples égyptiens, comprises dans un vaste mur d'enceinte, percé de portes monumentales. De longs portiques adossés à cette enceinte sont destinés à recevoir les pèlerins, et de grands bassins qu'elle renferme servent à ceux-ci à faire leurs ablutions. A l'intérieur s'élèvent aussi des chapelles, des temples, des obélisques, etc. L'enceinte est rarement unique ; il y en a souvent deux, trois, jusque sept consécutives, comprenant entr' elles des jardins et dépendances. Elles sont orientées, munies de créneaux, percées de grands portails nommés *mantapas*. Ces portails, surmontés de pyramides tronquées ou *gopurams*, atteignant jusqu'à 60 mètres de haut, constituent la partie la plus monumentale de la pagode.

Au milieu de l'espace ainsi circonscrit, se dressent des temples isolés, entourés à leur tour chacun de leur enceinte particulière. Ce sont de vastes constructions pyramidales, appelées *vimana*, élevées sur un soubassement rectangulaire surmonté de plusieurs, parfois de 10 à 15 étages, en retraite les uns sur les autres, aux parois ornées, à l'instar des rochers sculptés, de niches, de pilastres, de figures fantastiques ; ces étages sont séparés par des corniches au profil sinueux. A l'intérieur les wimanas comprennent une ou deux salles, ou, parfois, ils sont complètement massifs.

Les portes d'entrée, nommées *gapurams*, sont surtout remarquables. Ce sont encore des constructions pyramidales exécutées en briques revêtues de stuc et rehaussées de couleurs ; leurs dimensions sont énormes, et les sculptures qui les couvrent représentent un travail effrayant. A *Chalembron* la porte d'entrée a 10^m de haut, et est ornée à l'extérieur de deux piliers taillés dans un bloc qui a dû avoir 45 pieds de long. En effet ces piliers ont dû être exécutés aux dépens d'un même morceau de pierre, car ils sont réunis par une chaîne en pierre de taille tirée du monolithe et qui se répète trois fois.

Les gapurans des pagodes dravidiennes, qui rappellent par leur silhouette les pylônes égyptiens, se composent d'un soubassement bas, décoré de pilastres pseudo-persiques, et portant une énorme pyramide à plan rectangulaire, divisée en un grand nombre d'étages, offrant une succession de pavillons alignés comme nous les avons vus, dans leur prototype, à la pyramide de Mahavellipore. Mais sur les faces de la pyramide se greffent des sortes de contreforts, à l'instar des renforts qui caractérisent les monuments orissiens. Une multitude de figures bizarres, aux attitudes violemment mouvementées, remplissent les intervalles des pavillons ; le pavillon terminal se termine en coupole ou en une longue cabane semblable à un sarcophage.

Le contour des pignons des édicules a perdu sa forme en fer à cheval, et est devenu ovoïde, et finalement se dessine en cœur ou en poire comme la lucarne de la cabane de bois. Il finit par se terminer en accolade, garnie au pourtour de têtes de serpent en éventail ; on dirait une antéfixe ou un flabellum de plumes ; du centre surgit un masque hideux rappelant la Gorgone antique. L'influence chinoise et celle de l'art Kmer du Cambodge semblent se manifester ici.

Les sanctuaires sont précédés et accompagnés de *kiosques* à colonnes, nommés *tchoultris*, rappelant les constructions persiques, et de salles hypostyles, sortes de grands portiques dont les piliers sont souvent ornés de chevaux ou de lions dressés et se cabrant comme ceux de Madura, que reproduit la gravure ci-contre. La construction des tours des pagodes est faite avec soin, par assises horizontales. Dans les salles intérieures les voûtes, souvent en cintre brisé, sont appareillées dans le mode des constructions pélagiques, c'est-à-dire par encorbellement. Aux yeux des Indous, la voûte proprement dite manque de stabilité : « elle ne dort jamais », disent-ils. Et en effet, dans un pays de tremblements de terre et d'accidents atmosphériques, les constructions exécutées à l'euro-

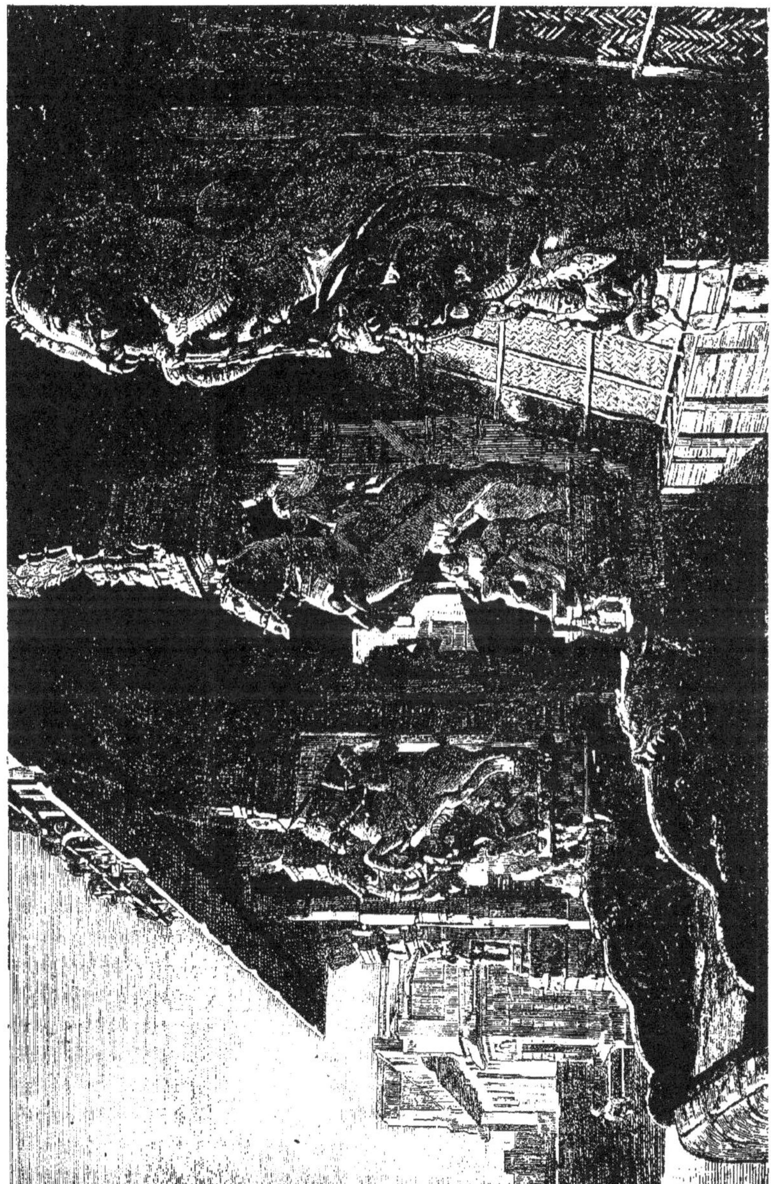

Fig. 27. — INDOUSTAN. — Piliers sculptés à l'entrée Est du portique de la grande pagode de Madura.

péenne, et dans nos proportions relativement légères ne durent guère.

24. — *Pagode de Chalembron*. Chalembron est situé dans l'ancien royaume de Tanjaour, sur la côte de Coromandel, dans le sud du Dekkan. Son temple, remontant au XVᵉ siècle, est compris dans une grande enceinte, en rectangle, aux faces orientées exactement vers les points cardinaux, faite de briques aux revêtements de pierre. Elle s'ouvre par quatre gapourans, en pyramide tronquée. Dans cette enceinte une autre est inscrite, à laquelle est

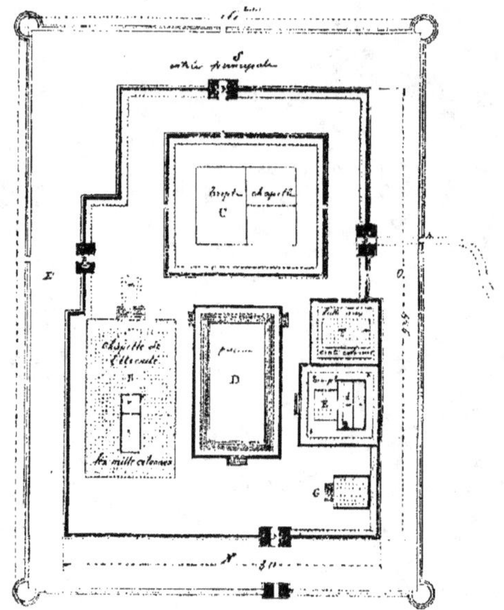

Fig. 28. — Plan de la pagode de Chalembron.

adossé un portique à double étage, aux colonnes richement sculptées, abritant des cellules pour les prêtres. Cette seconde enceinte à ressauts a quatre grandes portes B, surmontées de pyramides à 7 ou 9 étages, ornées de merveilleux piliers sculptés dont nous avons parlé plus haut, avec des chaînes monolithes, comme on en a retrouvé d'ailleurs aux portes de plusieurs autres pagodes.

Dans cette double enceinte générale s'élèvent plusieurs enceintes particulières, que longent intérieurement des portiques, analogues aux

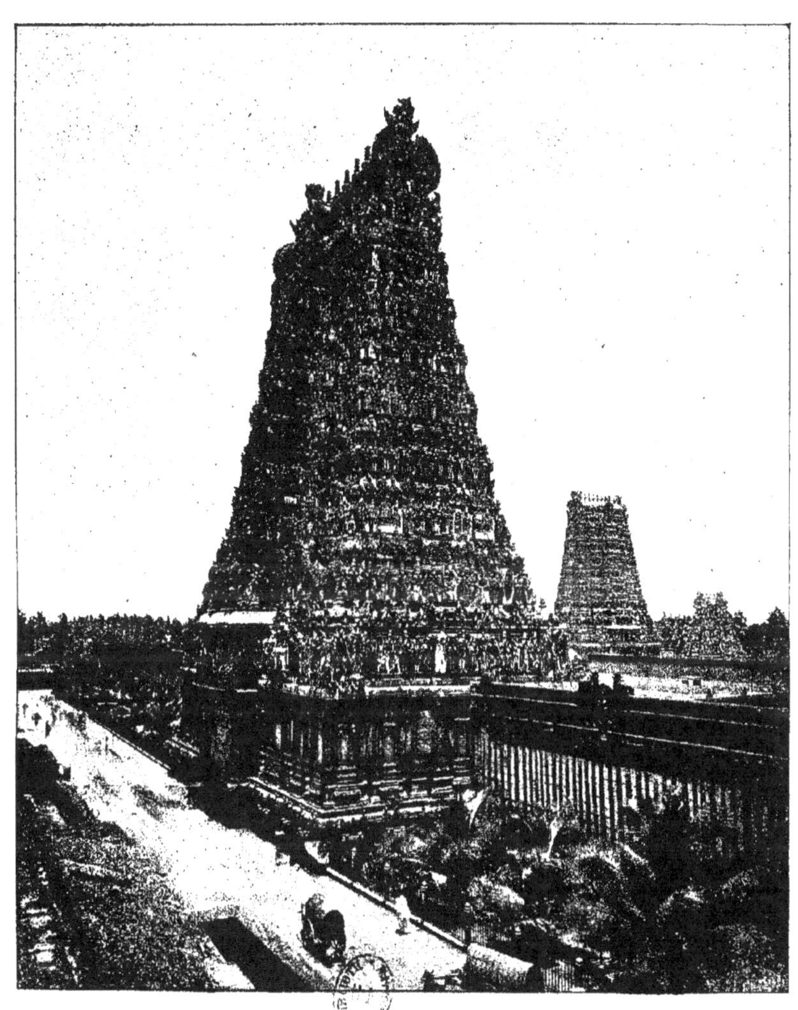

Madura. — Vue générale du Gopuram sud.

cloîtres des monastères chrétiens ; elles renferment des chapelles ou *chafei*. Elles offrent une nef et un sanctuaire; dans celui-ci, un siège plaqué d'or sert de trône à Vichnou, qui y réside invisible, derrière le rideau nommé *raga-siya*, c'est-à-dire le mystère impénétrable. Toutes les parties de la riche structure de l'édifice ont un sens mystique: le symbolisme pénètre toute l'architecture.

En D, se voit la vaste piscine ou *tongue*, en forme de rectangle allongé, qui est destinée aux purifications des fidèles. Elle est bordée de degrés abrités sous un portique d'une riche architecture.

A l'Ouest de ce bassin, s'ouvre un oratoire sacré E, placé au centre d'une enceinte de portiques TT. Il offre trois salles, une nef à jour sur trois côtés, à 6 rangs de piliers, portant un plafond de dalles; une salle D où l'on voit la statue du bœuf Nandi, et le sanctuaire I, où trône la déesse Parvati, épouse de Siva.

Au Nord et au Midi de cet édifice on remarque deux salles G et I, dont la plus vaste est appelée la *Salle aux cent colonnes* ; elles servaient sans doute de reposoir, quand on exhibait la déesse Parvati ; aux jours solennels, la statue était portée en H, dans la chapelle *des joies sans fin* ou de l'*Éternité*. L'entrée tournée vers le Sud s'annonce par une magnifique avenue de colonnes rangées sur quatre files, M ; leurs fûts, hauts de trente pieds, sans bases ni chapiteaux, sont sculptés avec une étonnante délicatesse.

Arrivé à l'extrémité de cette belle colonnade, on monte dans une vaste enceinte, qu'occupe un *tchoultri*, jadis ouvert de toute part, et contenant environ mille colonnes si exactement alignées, que, de quelque côté qu'on tourne les yeux, on aperçoit une allée parfaitement droite. Elles portent un vaste plafond de pierre. L'allée du milieu conduit à un petit temple, offrant une première salle carrée *p*, et un sanctuaire *q* où s'élève l'autel, jadis couvert d'or, pour les offrandes du feu.

La pagode de Chalembron peut rivaliser avec les monuments les plus prestigieux de l'antiquité classique. Son enceinte mesure 428 mètres sur 310.

25. — Les pagodes les plus récentes de l'Inde méridionale, offrent un grand développement des formes les plus mouvementées et les plus fantastiques. « Ce sont partout des coupoles qui pointent, des pyramides qui s'élancent, des superpositions d'étages aux toits

cintrés, qui vont, toujours montant et toujours diminuant, se terminer sous un dôme commun. Et de ce monde de dômes, de tours, de colonnades, qui luttent de richesse et d'élévation, il se dégage une expression générale vraiment saisissante ([1]). »

Parmi les plus belles pagodes, outre celle de Chalembron, que nous avons décrite, on peut citer celle de *Madura*, sur la côte de Coromandel, la plus vaste de l'Inde méridionale, avec son important Tchoultry précédé d'un portique, dont les piliers représentent des cavaliers dont les chevaux se cabrent, et avec ses mille supports tous différents et tous des plus étonnants par leurs riches sculptures; celle de *Jaggernaut*, fondée en 1198, but du plus célèbre pèlerinage de l'Inde ; celle de *Seringham*, avec ses vingt-et-un beaux gapourams, et son fameux mandapan ou temple aux mille colonnes, et son portique émerveillant, aux quatorze piliers monolithes analogues à ceux de Madura, auxquels sont adossés des cavaliers montés sur des coursiers fantastiques, dressés sur leur arrière-train et luttant contre des éléphants. Ces groupes, de grandeur colossale, qui paraissent s'élancer sur les spectateurs, produisent une vive impression. Quelques-unes de ces pagodes sont relativement récentes; celle de Condjeveram date seulement du XVe ou XVIe siècle.

Ces monuments presque modernes de l'architecture indienne diffèrent des plus anciens par une plus grande légèreté des proportions et plus de fini dans l'exécution.

Nous donnons plusieurs planches représentant des pagodes et autres monuments indous, d'après de fort belles photograhpies, que nous devons à l'obligeance de M. Stanislas Nolf, de Courtrai, qui les a rapportées d'un récent voyage aux Indes.

---

1. Lubke, *Essai de l'Hist. de l'art*, t. I, p. 83.

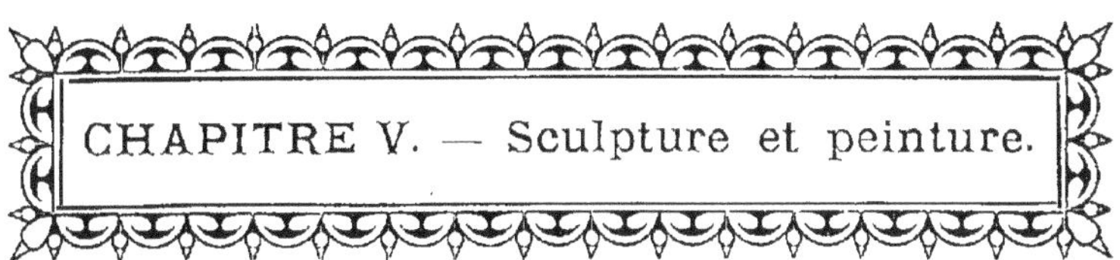

CHAPITRE V. — Sculpture et peinture.

26. — *Sculpture*. Le boudhisme, dont la doctrine rationaliste et relativement épurée ne favorisait pas les débordements des arts plastiques, a donné naissance à des temples sévères d'ordonnances, et à un art sculptural très sobre. Il n'a guère laissé, en fait de figures humaines, que des images de son fondateur, éparses dans les grottes et dans des niches des rochers sculptés. « On peut encore voir, dit Lubke (¹), dans les parois de Bamiyon, à l'extrême Ouest de l'Indoustan, des statues de Boudha hautes de 36 mètres, empreintes d'un caractère sérieux, réfléchi, et faites très sobrement. »

Nous avons fait connaître les portes du grand tôpe de *Sanchi*, et reproduisons ici derrière l'une d'elles, fort connue en Europe par un moulage complet. C'est le chef-d'œuvre de l'art plastique indou. On constate une entente véritable de la sculpture et un sentiment vrai dans les sculptures, qui la couvrent et qui retracent en quelque sorte la marche triomphale de la religion. Ce sont là presque des tableaux historiques, dont on ne retrouverait pas d'autres exemples dans tout l'Indoustan.

La religion brahmanique, plus populaire que la boudhiste, offrait un culte beaucoup plus matériel, plus sensuel, plus complexe et plus mystérieux. Elle a engendré cet art étrange, troublant, fantastique, exubérant, dans lequel la sculpture envahit tout, développant un chaos de formes animales sous lesquelles disparaît la membrure architecturale.

L'Indoustan est le pays des rêves, son culte est tout empreint des mystères de la nature, exprimés en symboles souvent monstrueux. Dans la figure humaine le caractère divin est exprimé par la multiplication sur un même tronc des têtes, des bras et des jambes. Les idées mystiques sont interprétées par des êtres hybrides, des hommes à tête d'éléphant, et des combinaisons étranges, dont on commence seulement à s'expliquer le sens : « Les sujets mêmes, régulièrement tirés de la vie des dieux ou de la légende des héros, sont parsemés de visions fantastiques et de produits de la spéculation

---

1. *Ouvr. cité*, I, p. 84.

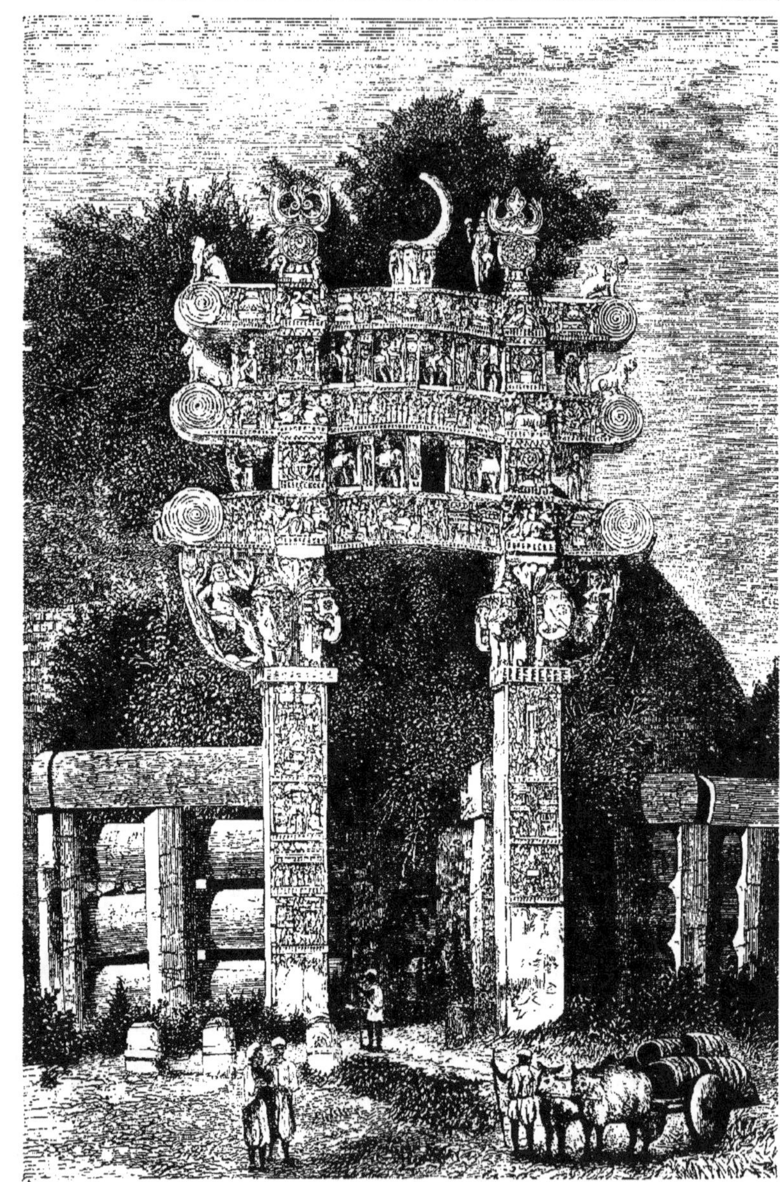

Fig. 30. — Une porte du Tôpe de Sanchi.

la plus échevelée. Rarement on y trouve exprimé un épisode de la vie de tous les jours ; jamais, semble-t-il, les traits rigoureux, précis de l'histoire. Le style de cette sculpture, dont l'allure lourde et raide au début est devenue sur le tard tourmentée, n'a guère changé dans le cours des siècles. Les lois d'harmonie, de composition, devaient rester constamment étrangères à un art, où la fantaisie règne sans rivale, où, à mesure que les scènes se précipitent, le mouvement dégénère en désordre et le désordre en délire. Ce caractère tumultueux de la représentation plastique éclate dans le grand drame en plusieurs tableaux, qui se déroule sur les parois du temple de Mahabalipour. S'agit-il au contraire de décrire avec simplicité les charmes d'une existence paisible, l'art indou déploie aussitôt les qualités les plus aimables, un sens délicat de la nature, une impressionnabilité faite d'enthousiasme et de naïveté, qui rappelle les beaux chants de Sakountala. Il excelle surtout dans l'expression de la grâce féminine, il sait trouver des poses de la plus adorable nonchalance, des mouvements amples et doux, des lignes, des formes pleines et rondes, à la fois molles et souples. Ce caractère de morbidesse se retrouve jusque dans ses figures d'hommes, qui, elles, manquent un peu d'os, de muscles et de moelle ([1]). »

27. — *Peinture.* L'art indou, inférieur en somme à celui des grands peuples asiatiques, brille par des traits singuliers, par des développements puissants presque monstrueux de la sculpture, mais il déroge à plusieurs égards aux grands principes de l'art. L'architecture, la maîtresse des autres arts, y est reléguée au second plan ; de même la peinture, qui ailleurs étend sur toutes les surfaces la magie de son décor, est ici délaissée. Les Égyptiens l'avaient admise jusque dans les profondeurs obscures de leurs hypogées ; les Indous n'en revêtent pas les monstres fantastiques dont ils recouvrent les parois de leurs grottes ; tout le monde animal se présente sous les dehors sombres de la pierre nue et froide.

Cependant la peinture n'a pas été absolument exclue des temples ; elle fut même de bonne heure mise à contribution pour leur décor, mais d'une manière partielle, sinon exceptionnelle. Les

1. Lubke, *Ouv. cit.*

parois des grottes d'Adjounta, de Bang et autres lieux sont couvertes de grandes fresques aux vives couleurs, représentant des processions, des chasses, des guerres ; ce sont comme des tableaux, qui n'affectent pas l'architecture et ne rentrent guère dans l'art monumental.

Les Indous étaient habiles à la miniature, leurs descendants modernes ont gardé beaucoup d'aptitude pour cet art.

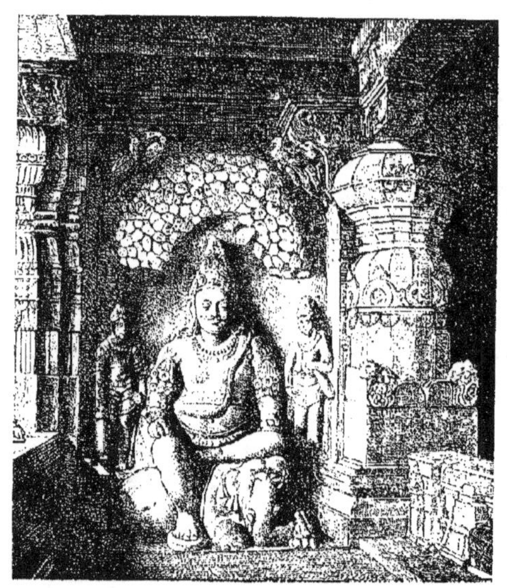

TABLE DES MATIÈRES.

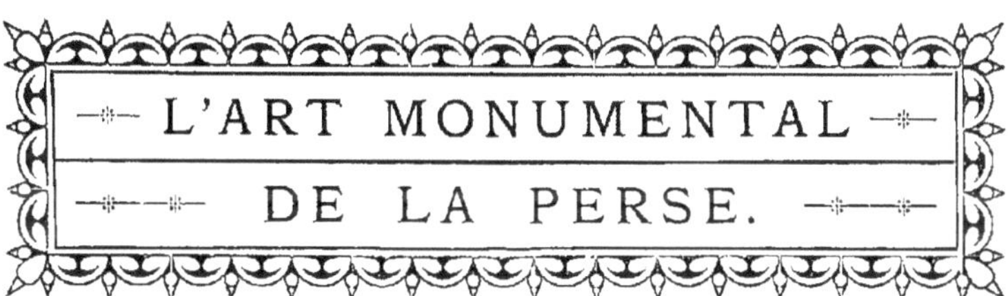
L'ART MONUMENTAL
DE LA PERSE.

BIBLIOGRAPHIE.

E. BABELON.— *Manuel d'archéologie orientale.* Paris, May et Motteroz, 1893.

CHARDIN. — *Voyages en Perse et autres lieux de l'Orient,* Paris, 1811, 10 vol. in-8°, et atlas.

H. DIEULAFOY. — *L'Art antique de la Perse,* grand in-8°, 100 pl., Vᵛᵉ A. Morel, 1885. — *L'acropole de Suse d'après les fouilles exécutées en 1884, 1885, 1886, sous les auspices du musée du Louvre.* In-4°, Paris, Hachette.

JANE DIEULAFOY. — *A Suse. (Journal des familles,* Paris, Hachette, 1884-86.)

FLANDIN et COSTE. — *La Perse ancienne,* Paris, 1851.

A. GAYET. — *L'art persan.* Paris, May et Motteroz, 1895.

J. MORIER. — *Voyages en Perse, en Arménie, en Asie Mineure et à Constantinople faits en 1808 et en 1809,* traduit de l'anglais, par E. Eyriès. Paris, Nepveu, 1813, 2 vol. in-8°.

PERROT et CHIPIEZ. — *Histoire de l'Art dans l'antiquité.* Paris, Hachette, 1884 ; T. II.

EDM. POTTIER. — *Antiquités de Suse (Gazette des Beaux-Arts,* 1886).

F. STOLZE. — *Die Archaemenidischen und Sassanidischen Denkmäler, etc.* Berlin, 1882.

CH. TEXIER. — *Description de l'Arménie, de la Perse, etc.,* in-f°, Paris, 1852.

P. VAN DER AA. — *Description des royaumes de Perse et du Grand-Mongol.* 2 vol. et atlas. Leyde, 1730.

J. FERGUSSON. — *The Palaces of Niniveh and Persepolis restored,* Londres, 1851.

W. VAUX. — *Niniveh and Persepolis,* Londres, 1851.

LOFTUS. — *Travels and Researches in Chaldea and Susiana,* Londres, 1857.

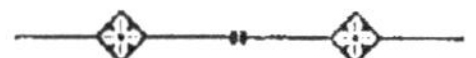

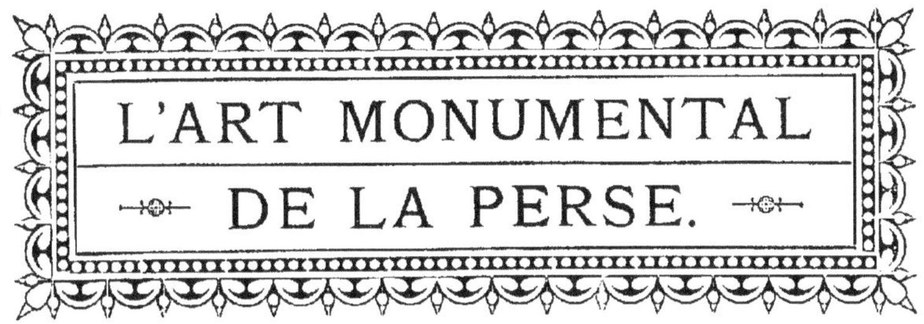

CHAPITRE I. — Généralités.

HISTOIRE, GÉOGRAPHIE, ETHNOGRAPHIE.

1. — Les Iraniens, peuple de langue zende, formaient une race d'élite, composée d'éléments féconds : les Bactriens lui ont donné une religion ; les Mèdes, une organisation politique, et les Perses, un vaste empire, l'un des quatre grands de l'antiquité ([1]) ; il s'étendit depuis l'Indus jusqu'à l'Euxin et la Méditerranée, et depuis le Jaxarte et la mer Caspienne, jusqu'à l'Ethiopie, l'Arabie et le Golfe persique.

Cyrus le Grand, qui le fonda en 538 av. J.-C., était le petit-fils d'Astyage, dernier roi des Mèdes. Au royaume de Perse, il réunit la Médie, la Lydie, Babylone et Ninive. La Perse proprement dite eut pour villes principales Suse, Ecbatane et Persépolis.

2. — L'empire des Perses s'était établi dans la région qui, très anciennement, constituait l'Elam ; les Elamites y avaient eux-mêmes remplacé d'autres races, notamment les Araméens et les Sémites, qui paraissent avoir dominé les autres. L'an 23 avant notre ère, Koudour-Khounti règne à Suse, et l'Elam a une civilisation semblable à celle de la Chaldée.

Vers le VIIIe siècle, les Aryens gagnent les plateaux de l'Iran ; dans leur sein, les hordes persanes prennent le dessus sur les hordes médiques ; la famille des Achéménides s'empare du pouvoir, qu'elle conserva jusqu'à l'invasion d'Alexandre.

« Avec les Parthes une renaissance commence, interrompue un instant par les troubles au milieu desquels s'élève la dynastie Sassanide. Elle atteint cependant bientôt avec cette dernière à son apogée. Ctésiphon, devenue résidence royale, acquiert une réputation fabuleuse ([2]). »

1. Lubke, *Précis de l'Hist. de l'art*, p. 47.
2. A. Gayet, *L'Art persan*, introd.

C'est alors qu'apparaît le christianisme. Puis la Perse est conquise par les armes d'Omar et devient musulmane.

L'étude de cette longue période d'art se divise naturellement en deux parties. Nous ne nous occuperons que de la première, qui s'arrête à la conquête musulmane, et plus spécialement de la période antique, où s'est développé un art original.

Dans cette période, on voit successivement s'exercer le règne

des *Achéménides*,
des *Parthes*,
des *Sassanides*.

RELIGION.

3. — La religion des Iraniens et des Mages de la Médie et de la Perse était la religion Zende ou Madzéisme, très différente de celle des Indous. Au lieu du panthéisme, qui voit la divinité dans tout, elle admettait le dualisme, le culte de la lumière et des ténèbres, du bien et du mal en perpétuel antagonisme. Zoroastre passe pour le fondateur de cette doctrine,qui a encore pour adhérents les Guèbres ou Parsis, adorateurs du feu. Dans ce culte, *Ormuzd* est la lumière et le bien suprême, adoré sous la forme du feu sacré et opposé à *Ahriman*, qui représente le mal et les ténèbres.

« Ormuzd, organisateur de l'univers, crée toute chose excellemment, mais à chacune de ses créations, Ahriman a opposé une autre qui est mauvaise ; Ormuzd a créé six Amschaspands, chefs de la hiérarchie céleste, chargés de veiller à la conservation et au perfectionnement du monde, mais les Darvands, génies malfaisants créés par Ahriman, s'opposent partout à leur action bienfaisante. Le taureau Amoudad, qui contient les germes de toute vie physique, n'est pas plus tôt créé par Ormuzd, qu'il est mordu et tué par le serpent d'Ahriman. De l'épaule du taureau sortit le premier homme, et les différentes parties de son corps donnèrent naissance aux animaux et aux plantes utiles. Ahriman aussitôt créa les animaux et les plantes nuisibles ; mais, ne parvenant pas à faire l'homme qui est doué de conscience, il le tua. Du sang du premier homme naquit un couple : Meschia et sa femme Meschiane, d'où est sorti le genre humain. Ahriman, par de fallacieuses promesses et des fruits délicieux qu'il leur donna, les priva de la béatitude céleste. Depuis ce jour, l'homme est flottant, et pour chacun des actes de sa vie, il reçoit un bon conseil, qui vient des ministres d'Ormuzd. On a vu dans l'homme-taureau des bas-reliefs de Persépolis le taureau primitif d'Ormuzd.

« Un immense pont conduit de la lumière d'Ormuzd aux ténèbres d'Ahriman ; les âmes, après la mort, traversent le pont quand elles se sont guidées d'après les conseils des ministres d'Ormuzd, et tombent dans l'abîme si elles se sont guidées d'après les conseils des ministres d'Ahriman (¹). »

4. — Les Perses semblent n'avoir pas possédé de temples proprement dits ; ils n'avaient ni idoles, ni statues de divinités à y renfermer. Hérodote dit qu'ils n'avaient « ni temples, ni dieux, ni autels ». M. Dieulafoy, rapprochant l'inscription célèbre de Bissoutoun, où Darius déclare avoir rebâti les édifices religieux (apadanas) démolis par les Mages, et la phrase d'Hérodote que nous venons de rappeler, prouve que le culte du feu nécessitait cependant des édifices clos ; il appuie sa démonstration sur des textes formels de Strabon et de Pausanias, ainsi que sur la tradition et sur le plan du *dagdah* (lieu légal) des Perses. Ce lieu en effet ne contenait ni statue ni autel, mais seulement un brasier incandescent ; il était plutôt un sanctuaire qu'un temple, car il était fermé à tous les sectateurs. Ainsi se concilient la négation d'Hérodote et l'affirmation de Darius (²).

---

1. R. Menard, *Cours d'histoire générale de l'ancienne Asie.*

2. *Académie des Inscriptions et Belles-Lettres*, 30 oct. 1890, — *L'Ami des monuments*, 1890, p. 383.

ORIGINES DE L'ARCHITECTURE DE LA PERSE.

5. — L'Égypte et l'Assyrie nous ont montré deux genres d'architecture originale, directement inspirés des ressources et des nécessités locales, autant que du génie des races et marquées au coin d'une remarquable unité.

Nous allons maintenant rencontrer au contraire en Perse un art hétérogène, formé d'emprunts, développé sous l'influence de plusieurs nations voisines. Chose singulière « les Iraniens créèrent de toutes pièces dès l'avènement des Achéménides, une architecture artificielle ne se rattachant par aucun lieu à l'état passé ou présent de leur patrie ('). »

Les beaux monuments de l'art persan datent du VIe siècle avant notre ère. Leur style se ressent à la fois des monuments de l'Assyrie, de l'Égypte et de l'Asie Mineure.

Ce style offre des analogies frappantes avec l'architecture des Assyriens, auxquels les Perses ont été soumis d'abord, et dont ils ont été les successeurs, en puissance et en civilisation. Comme les palais de ce pays, les demeures royales des Perses sont exhaussées sur des terrasses auxquelles donnent accès des escaliers grandioses. En outre, malgré les richesses du pays en pierres de taille, les murs sont faits de briques comme en Chaldée et décorés de bas-reliefs disposés au ras du sol comme en Ninive; les sortes de théories qui s'y déroulent rappellent l'art des sculpteurs chaldéo-assyriens : on y retrouve enfin les colosses de marbre hybrides qui gardent les avenues des palais ninivites.

Mais à l'instar de la Grèce, la colonne, quasi inconnue en Chaldée, prend ici un rôle important et devient élégante; elle offre des cannelures et des volutes ; le fût de cette colonne grêle, et l'entablement offrent les caractères saillants des monuments ioniens. Portés sur des colonnades en quinconce, des plafonds s'étendent au-dessus des salles bordées de véritables portiques. Les moulures des entablements et de l'encadrement des fenêtres trahissent aussi l'influence de la Grèce. Sans cette circonstance, que les Perses étaient presque dépourvus de bois, on se demanderait, si ce ne

---

1. Dieulafoy, *L'Art antique de la Perse*, p. 98.

sont pas les Grecs qui ont fait aux Perses l'emprunt de l'entablement lapidaire après que ceux-ci l'eurent adopté par imitation des
plafonds de bois primitifs.

Les constructions commencées par Cyrus à Parsagarde avant
la conquête de l'Égypte et restées inachevées après sa mort, s'inspirent uniquement de la Grèce et de l'Assyrie. Elles offrent
des terrasses comme celles de la Chaldée, mais elles sont bâties à
la manière grecque en grand appareil régulier de pierres agrafées. —
Au contraire, la conquête de l'Égypte par Cambyze et les incursions
des Perses sur les rives du Nil, expliquent des analogies remarquables avec les temples égyptiens, comme les corniches à
gorge, que nous avons d'ailleurs également retrouvées en Assyrie,
mais moins caractérisées ; et surtout les grandes salles hypostyles
comme aussi la ressemblance des tombeaux persans avec les hypogées à façades apparentes et postiches de l'Égypte.

« Ne semble-t-il pas, dit M. Dieulafoy, que Darius, maître de
l'univers, ait voulu faire de sa demeure souveraine, le résumé des
merveilles architecturales de l'Asie et de l'Afrique en appelant à
contribuer à l'ornementation de son palais toutes les contrées tributaires de la Perse ? A l'Ionie, il emprunta l'ordonnance de l'édifice,
les procédés de construction, la modénature et la sculpture ornementales ; à la Lycie, la charpente des terrasses ; à l'Égypte, le
chapiteau et la base des colonnes, le couronnement des portes ; à
l'Assyrie, la statuaire ; et au génie iranien, le talent de combiner
sans disparate choquante cet assemblage de motifs de provenances
diverses, et ce goût et cette mesure, dont les Perses semblent avoir
donné la preuve dans la décoration polychrome des édifices (¹). »

1. *L'Art antique de la Perse.*

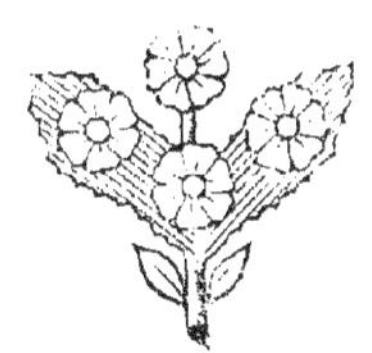

CHAPITRE II. — Période achéménide.

CARACTÈRES GÉNÉRAUX DE L'ART ACHÉMÉNIDE.

6. — Des anciens monuments des Achéménides, on ne rencontre guère que quelques-unes de leurs tombes royales et les vestiges de leurs palais, dont les ruines sont d'ailleurs très importantes et assez bien conservées, pour qu'on ait pu en faire des restitutions presque complètes, grâce à cette circonstance, que les Perses faisaient grand usage des beaux marbres que la nature leur fournissait en abondance. Les parties essentielles de leurs constructions, supports, entablements, encadrements de portes et de fenêtres étaient lapidaires.

7. — Voici comment MM. Perrot et Chipiez résument les caractères de l'art persan primitif, qu'ils ont étudié d'une manière approfondie dans leur *Histoire de l'Art dans l'Antiquité*.

« L'architecture, qui réserve ses splendeurs pour les temples et surtout pour les demeures royales, frappe tout d'abord par des masses imposantes, exhaussées sur des terrasses, auxquelles donnent accès des escaliers grandioses. Il semble que ces édifices, qui s'élèvent majestueusement au-dessus de la plaine, soient là pour exprimer l'abime qui sépare le roi, reflet de la splendeur divine, de ses peuples courbés humblement à ses pieds et tremblant à sa voix.

« Dans la disposition, l'ornementation, le dessin, les formes générales, dans la sculpture et la peinture, l'art persan (il s'agit surtout de l'art de la belle époque, c'est-à-dire du sixième siècle avant notre ère) trahit en général un parti pris d'imitation des œuvres de l'Égypte, de la Chaldée et de l'Assyrie, même de la Grèce. Ce n'est ni un art primitif, ni un art simple ; il a cependant son originalité, sa saveur, il accuse dans les imitations une vraie liberté d'allures, une touche savante, délicate, nombre de qualités enfin qui lui donnent une physionomie propre et une beauté en quelque sorte personnelle.

« La contrée ne manque pas de pierres de construction, l'emploi de l'argile sous forme de briques, dont la nature et la couleur diversifient la vaste surface des murs, est une imitation de la Chaldée. Les bas-reliefs sont disposés au ras du sol, comme à Ninive. Le globe ailé, les colosses gardant les avenues, les longs cortèges de personnages rappellent les sculptures des artistes chaldéo-assyriens. Il faut noter ici le rôle de la colonne ; c'est une nouveauté dans l'art asiatique. Nous sommes bien loin de ces antiques piliers sans grandeur et sans puissance des édifices primitifs. La colonne devient élégante, belle d'aspect, un motif à riche ornementation avec ses cannelures, son chapiteau à volute. Grâce aux colonnades, les plafonds s'allongent, s'élargissent, les salles s'étendent sur de vastes superficies et créent des lointains et des perspectives qui commandent l'admiration et le respect.

« La conquête de l'Égypte par Cambyse et le spectacle merveilleux des palais et des temples de Thèbes et de Memphis expliquent l'emprunt des artistes persans, emprunt évident, incontestable à ce point qu'on retrouve à Persépolis et à Suse la forme de la gorge égyptienne. Au surplus, nous savons, par le témoignage de Diodore, que des architectes et des artistes d'Égypte ont travaillé dans les deux capitales du grand roi. Ce n'est pas seulement la gorge, mais encore la corniche égyptienne qui est reproduite à Persépolis. Les tombeaux, autrefois érigés en hauteur sur le sol, deviennent des hypogées avec façades apparentes, un peu à la façon de l'Égypte.

« La tradition rapporte que des artistes ioniens, vers le temps de Darius, ont ciselé le bronze, sculpté la pierre et construit des édifices en Perse. Cependant les traces de l'art hellénique sont ici peu accusées ; l'ascendant que devait conquérir cet art par des chefs-d'œuvre nombreux et d'une incomparable beauté n'existait pas encore. La Grèce en était encore aux formes sommaires et un peu rudes de l'archaïsme. Cependant son influence se révèle dans l'art persan par un progrès dans le rendu des plis du vêtement, progrès qu'expliquent les objets venus de l'Ionie. L'architecture a été plus influencée que la sculpture : les chambranles, les astragales, les oves, en y regardant de près, trahissent le contact et les suggestions de l'art grec. »

COLONNES PERSANES ([1]).

8. — La colonnade architravée, ou plutôt la platebande sur supports verticaux est une tradition iranienne, qui eut pour base l'emploi du bois : c'est le caractère essentiel de la période achéménide. Le palais de Cyaxare à Ecbatane a été décrit par l'écrivain Polybe ; il

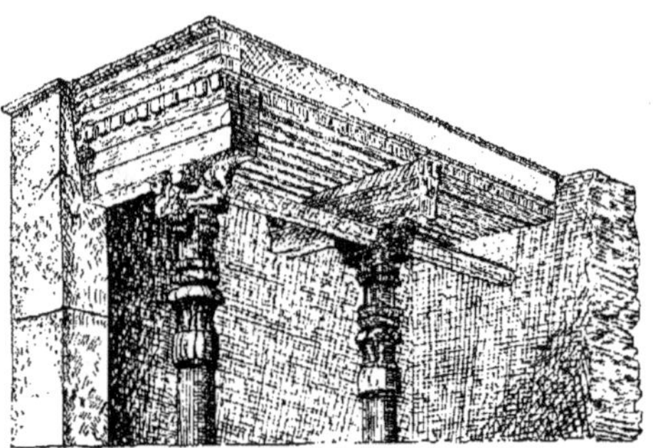

Fig. 1.
Restitution d'une terrasse persépolitaine,
d'après M. Choisy.

était construit en grande partie de bois de cèdre et de cyprès, entièrement revêtu de métal. Malgré l'extrême rareté du bois, les puissantes poutres de charpente furent employéesavec prédilection dans les palais, comme matériaux de luxe.

Dans les différents ordres persans de colonnes lapidaires, le fût, à section circulaire, est grêle et légèrement conique, orné toujours de cannelures plus serrées que celles des colonnes grecques et égyptiennes ; ces cannelures sont séparées par des plats. La colonne persépolitaine a environ 13 fois son diamètre pour hauteur, avec une entrecolonnade de 4 à 6 et demi diamètres ([2]). Elle se *bifurque* à son sommet en forme de chapiteau double, ordinairement bicéphale. Cette colonne se rapporte à un type fixe, d'un caractère original, qui n'est autre que celui du chapiteau fourchu en

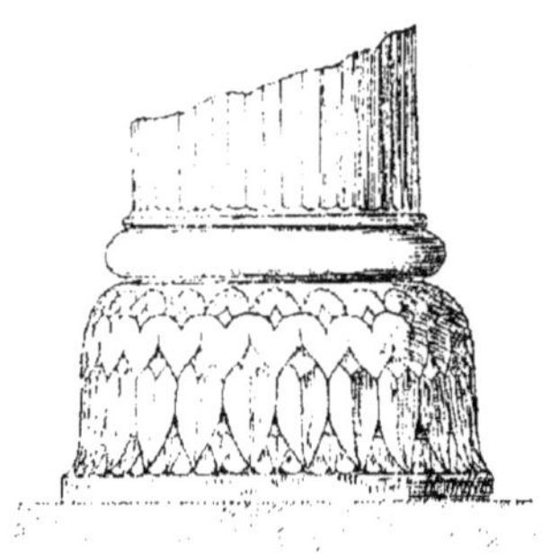

Fig. 2. — Base achéménide.

bois des habitations agrestes de la Susiane, où il s'est conservé de nos jours.

1. Perrot et Chipiez, *Hist. de l'Art*, t. V, p. 486.
2. A. Gayet, *L'Art persan*, p. 46.

La colonne persane a toujours une *base*, dont la forme est variée. Parfois elle consiste en un simple disque de grand diamètre comme en Égypte. Un type plus fréquent et plus caractéristique est celui qui se compose d'un filet se rattachant par un congé au fût, et reposant sur une grande doucine soutenue par un réglet. Cette base ressemble à une cloche renversée. Souvent elle se relie au fût par un tore d'un profil ferme ; telle est la base de Suse conservée au Louvre (fig. 3). Les *ornements* de la base forment le prolongement des cannelures, développées en formes plus riches. En réalité, la base est solidaire avec la première assise du fût ; elle ne constitue donc pas encore un organe bien distinct.

Le *chapiteau* offre pour élément essentiel deux licornes ou deux taureaax symboliques adossés, les jambes de devant repliées ; l'arrière-train est supprimé, et les deux croupes soudées forment un creux ; l'ensemble réalise une sorte de fourche ou d'étrier destiné à recevoir les poutraisons. Les poutres du plafond reposaient primitivement, les unes (celles qui relient les colonnes) sur la tête des taureaux, d'autres (les poutres transversales soutenant les solives du plafond), dans le creux que dessine la rondeur des dos qui s'opposent. Ce type de chapiteau persiste depuis le Xe siècle (règne de Darius), jusqu'aux derniers jours de la monarchie. Seulement dans la colonne lapidaire des palais de Persépolis et de Suse, la poutre transversale est simplement indiquée à titre de souvenir.

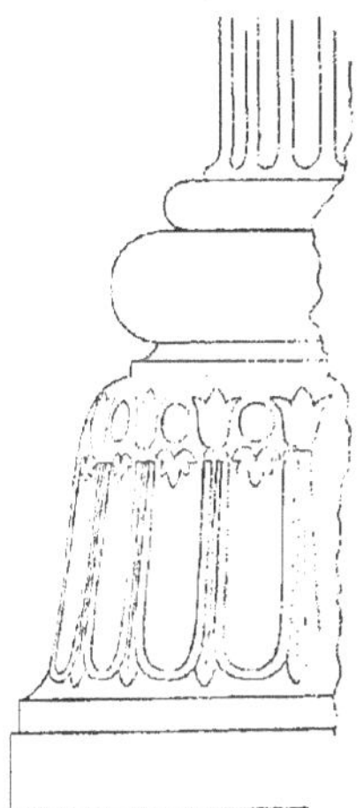

Fig. 3.

Ce membre principal repose quelquefois directement sur le fût ; quelquefois cependant il y est relié par l'intermédiaire d'un tronçon de pilier, de section carrée, orné sur ses quatre faces de volutes doubles, ou parfois quadruples. Les faces sont garnies d'une applique verticale, exactement pareille au coussin horizontal du chapiteau ionique, s'enroulant haut et bas, et parfois formé de deux coussins superposés, avec leurs quatre volutes. Viollet-le-Duc voit dans ces bandes enroulées une réminiscence stylisée des *copeaux de bois* détachés du poteau par l'opération de l'équarrissage ; il paraît plus naturel d'y voir une simple et peu logique imitation du coussin primitif imité par les Grecs.

Enfin, le chapiteau se complète inférieurement par une cloche renversée ou campanule ornée d'oves et de godrons, et se reliant au fût par une couronne de feuilles à bords lisses ; les godrons du chapiteau sont ornés de perles ; ils correspondent aux feuilles inférieures, et forment une décoration caractéristique, analogue à

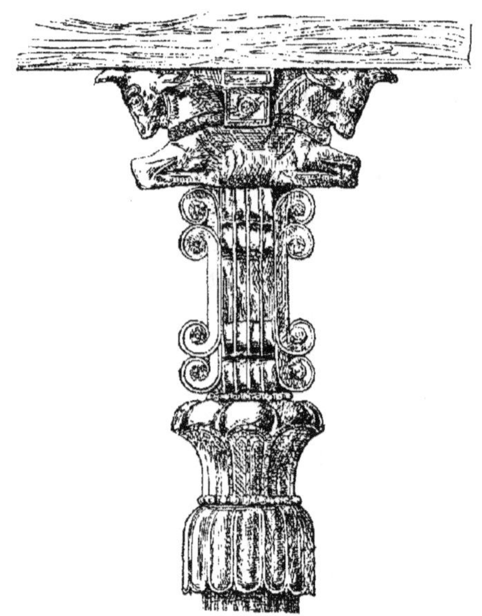

Fig. 4. — Chapiteau achéménide.

celle de la base, qui se relie aux cannelures du fût en même temps qu'aux stries qui divisent d'une manière analogue les bandes enroulées du membre porté par la campanule.

Le chapiteau supporte une architrave, soutenue sur la tête des taureaux et appuyée en même temps sur cette sorte de dé, qui pose sur la croupe de ceux-ci et rappelle par son profil l'about des sommiers transversaux liant les rangs de colonnes dans les constructions en bois, d'où dérive ce type lapidaire ([1]).

---

1. V. L. Magne, *Histoire de l'Architecture générale.*

9. — Les *ordres de colonnes* de l'architecture des Perses se diffé-
rencient par leurs chapiteaux. — Les plus riches offrent le chapiteau
complet avec ses trois étages ; un ordre intermédiaire est privé de
la partie de forme campanulée ; le plus simple n'offre que le
membre bicéphale. Celui-ci ne comporte que deux variantes, celui
du taureau et celui de la licorne, bête imaginaire à corps de lion, à
tête de cheval et à corne unique.

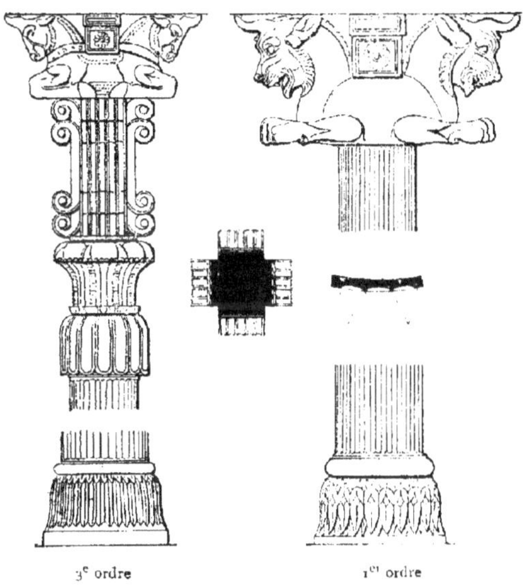

Fig. 5. — Colonnes persépolitaines.

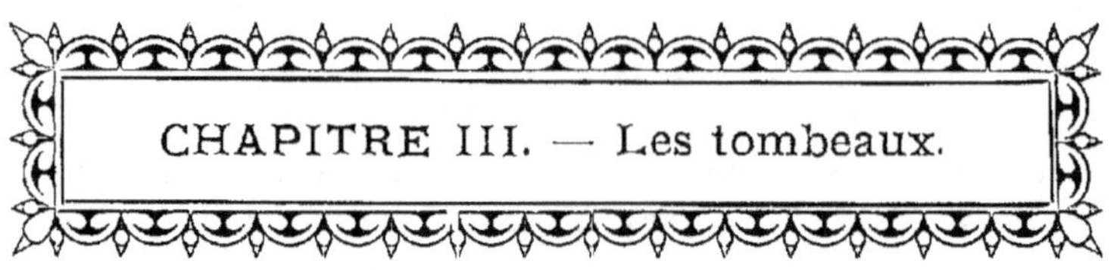

10. — Les principaux monuments de la Perse antique sont :

1° *Les tombes royales.* L'une est élevée dans la plaine, c'est le tombeau de Cyrus. D'autres sont creusées dans le roc et constituent des hypogées.

2° Les *palais* ou *apadanas*, de Persépolis et de Suse.

Les édifices religieux font défaut. L'un des préceptes du culte proscrivait le temple et voulait que les rites fussent célébrés en plein air. Les autels du feu sont les seuls monuments sacrés connus de toute la période antique.

LES TOMBEAUX.

11. — Les *Mages* avaient la coutume d'exposer les corps de leurs défunts aux bêtes féroces ; leurs descendants, les Guêbres, ont même conservé cet usage et ils ont encore des édifices et des tours, nommés *Dakmehs*, élevés exprès dans un lieu désert sur des collines, pour y exposer des cadavres aux oiseaux carnassiers. Or les rois de Perse, à l'époque où ils professaient le magisme, faisaient exception à la règle commune ; toutefois il n'était pas permis d'enterrer ni de brûler leur corps, de peur de souiller la terre ou le feu, qui étaient sacrés aux yeux des Perses. On a placé leur sépulture sur une éminence inaccessible ou dans la paroi du rocher, à une hauteur qui a paru inabordable, pour les dérober à la cupidité des hommes et à la voracité des bêtes.

LE TOMBEAU DE CYRUS.

12. — On a cru reconnaître, d'après une description d'Aristobule, la sépulture du fondateur de la monarchie achéménide dans le monument que nous allons décrire.

Le tombeau dit de Cyrus, connu sous le nom vulgaire de *la mer de Salomon*, constitue un monument bâti ; il s'élève au centre des jardins royaux de Morjab, à Pasargade. On en voit depuis 1892 un moulage fidèle au *British museum*.

Imité des pyramides assyriennes aux sept étages superposés, telles que la gigantesque tour de Bel, il offre un soubassement relativement considérable, formé de sept gradins, composés de blocs de marbre blanc. Le premier gradin n'a que 20 cs. de hauteur ; les trois suivants ont 0^m80, et les trois derniers, 0^m60.

Le dernier gradin borde une plateforme sur laquelle s'élève le tombeau royal proprement dit. Il a, en plan, la forme rectangulaire et présente 7^m60 × 6^m50. Il offre beaucoup d'analogie avec les temples grecs ou lydiens. Cet édicule monolithe est terminé par un toit à deux versants dirigés dans le sens de la longueur, et les petits côtés offrent des frontons. Dans un des pignons est percée une petite porte rectangulaire fort basse.

Les murs sont très épais. Le *sarcophage*, en *or massif*, se trouvait dans une salle très petite, aux parois revêtues de lames d'or et décorées avec tout le luxe oriental.

Autour du tombeau régnait une enceinte, à laquelle était adossé un portique à 24 colonnes, aujourd'hui détruit.

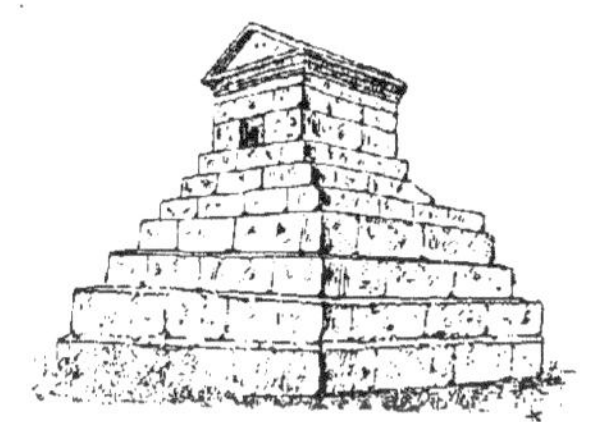

Fig. 6. — Tombeau de Cyrus.

Comme ceux de Darius, de Xerxès, etc., le corps de Cyrus avait été placé très haut et solidement renfermé, dans l'espoir de le mettre à l'abri des profanations. Mais déjà du temps d'Alexandre il avait été ouvert et pillé et l'intérieur avait été dépouillé de son riche revêtement.

Constatons ici l'union intime de deux influences : la pyramide à gradins, propre à la Mésopotamie ; et l'appareil régulier ainsi que les formes les plus caractéristiques de l'art grec, notamment le fronton.

TOMBEAUX TAILLÉS DANS LE ROC. — HYPOGÉES.

13. — Le tombeau de Cyrus est le seul connu de son espèce. Les autres, qui lui sont postérieurs, sont taillés dans le roc. On les rencontre au nord de Persépolis, près de Tschilminar, non loin de Schiraz, dans un lieu nommé Nakschi-Roustan.

Ils sont au nombre de quatre, creusés à même dans le flanc abrupt d'un rocher de marbre blanc, très élevé ; ils s'ouvrent à une hauteur considérable, isolés entre ciel et terre, selon l'exigence du dogme. On ne peut y atteindre qu'à l'aide de longues échelles, ou en se laissant descendre au moyen de cordes du sommet du rocher.

Par l'ouverture percée à travers une façade très riche, que nous allons décrire, on pénètre par un vestibule étroit, dans une chambre basse, où sont ménagés, en plein roc, plusieurs sarcophages. Les murs ne portent aucune sculpture, aucune inscription, aucune trace de vie, aucun signe d'espérance ; c'est, selon M. Gayet, une conséquence de la tradition du mazdéisme.

De ces tombeaux, nous l'avons dit, l'un est celui de Darius, deux des autres sont attribués à Xerxès et à Artaxerxès. Ils sont en retraite d'environ 4^{m}oo sur le rocher, et l'ensemble de la façade, d'aspect cruciforme, embrasse une trentaine de mètres de hauteur. Ils comprennent un soubassement, un rez de-chaussée et un étage ; le soubassement et l'étage forment la partie verticale d'une croix, le rez-de-chaussée est la partie horizontale. Le bras inférieur, non décoré, rappelle l'esplanade régnant devant la demeure mortuaire. La zone transversale, la plus importante, représente la façade de celle-ci et figure un portique soutenu par quatre colonnes engagées à moitié, d'un type tout particulier.

Deux taureaux sans arrière-train, adossés, les pattes de devant repliées sous le poitrail, forment le chapiteau de ces colonnes et supportent l'entablement par l'intermédiaire d'une masse cubique à ressauts. Ils sont soutenus par un fût cylindrique, monolithe, posant sur une base qui rappelle la base attique. Dans l'entrecolonnement du milieu est figurée une porte, c'est un simulacre en relief ; dans le bas de cette porte est pratiquée une petite ouverture par laquelle on pénètre dans le rocher. La porte est encadrée dans un chambranle à trois bandeaux en retraite l'un sur l'autre, et couronnée d'une corniche égyptienne.

Les colonnes portent un entablement complet ; l'architrave présente deux zones : la première en retraite sur la seconde, et celle-ci en retraite sur la frise. La corniche est formée d'une moulure très simple portée sur de gros denticules. Tout l'ensemble reproduit le dispositif d'une construction en charpente et présente les éléments complets des ordres grecs. Les Perses les ont-ils transmis aux Grecs en passant par l'Asie Mineure, ou bien, au contraire, comme le pense

M. Dieulafoy, ont-ils emprunté aux Grecs des formes qu'ils ont eu occasion d'admirer lors des guerres de Cyrus ?

Quoi qu'il en soit de ce point intéressant nous sommes en présence d'un portique avec entablement tout à fait analogue à celui des Grecs. Il porte un étage formé de deux rangées superposées de figures

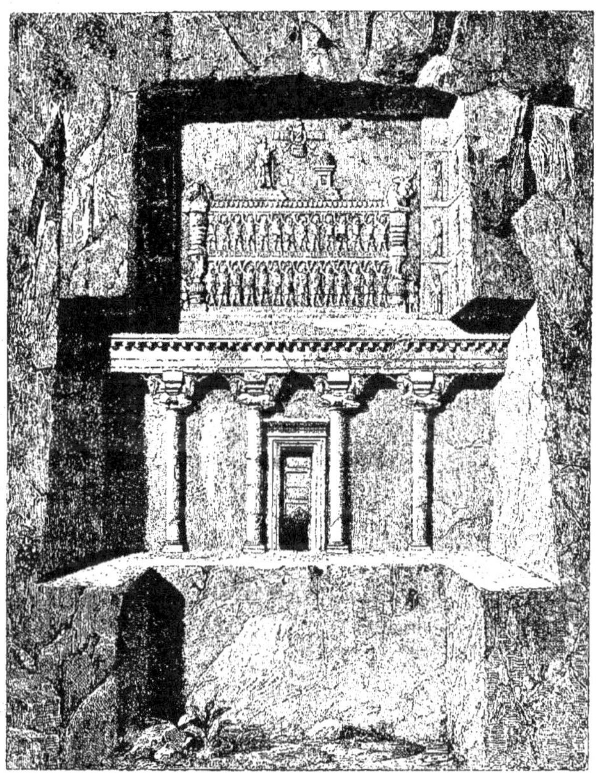

Fig. 7. — Tombeau de Xerxès.

cariatides supportant une plateforme supérieure. D'après une observation récente ces cariatides représentent les provinces de l'empire groupées autour du trône, le soutenant, l'élevant : le nom de la satrapie est gravé sous chacune d'elle. Dans cet ensemble on trouve des analogies avec certains dispositifs des sanctuaires Thébains (¹).

1. M. Gayet, *ouv. cité*, p. 30.

Aux angles de celui-ci se dressent deux pilastres bizarres, formés chacun d'un gros fût rond et comme tourné, sorte de gaîne, dégénérant au dessus en un buste de taureau, au-dessous, en arrière-train de lion, et posant sur une sorte de socle arrondi.

Sur la plateforme on voit un personnage debout sur un piédestal à trois degrés, armé d'un arc, en adoration devant une petite stèle montée également sur un triple degré et sur laquelle brûle le feu sacré. C'est l'image du roi défunt; entre lui et l'autel plane une figure symbolique du dieu Ahourâmozda.

Les flancs du rocher, taillés en retraite, forment autour du monument une sorte d'ébrasement dont les faces sont couvertes d'autres personnages guerriers qui paraissent être des pleureurs.

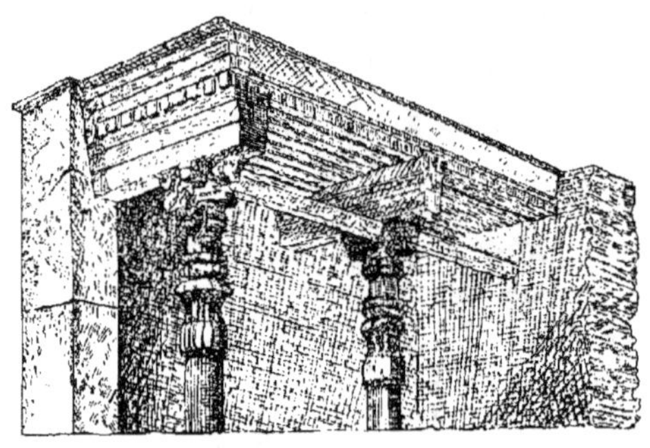

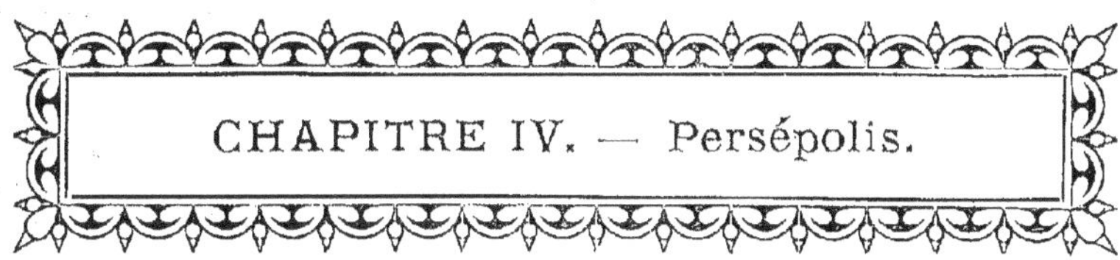

CHAPITRE IV. — Persépolis.

14.—Persépolis, l'ancienne capitale de la Perside, nécropole des rois perses, s'élevait dans la plaine de Merdascht, à 53 kilomètres N. E. de la ville moderne de Schiraz, sur l'Arane, près de son confluent avec le Cyrus. Fondée par Cyrus ou Cambyse, elle prospéra surtout sous Xerxès et Darius, qui ont construit ses palais. Prise en 330 par Alexandre le Grand, elle fut réduite en cendres pendant une nuit d'orgie. Elle ne fut qu'une résidence temporaire des rois de Perse ; c'était en quelque sorte le sanctuaire national, le théâtre spécial des grandes fêtes et des réunions officielles ([1]), ce qui explique l'accumulation et la disposition des palais sur la terrasse de son acropole.

15.—*Terrasse de Persépolis.* — Les ruines de cette acropole sont concentrées dans les environs du village actuel de *Tshil-Minar.* Elles s'étendent sur une terrasse en forme de trapèze adossée à l'E. à des montagnes, et qui a environ 334 m. de long, sur une largeur de 282 m. au côté N. et de 244, au côté S.—Elle est élevée

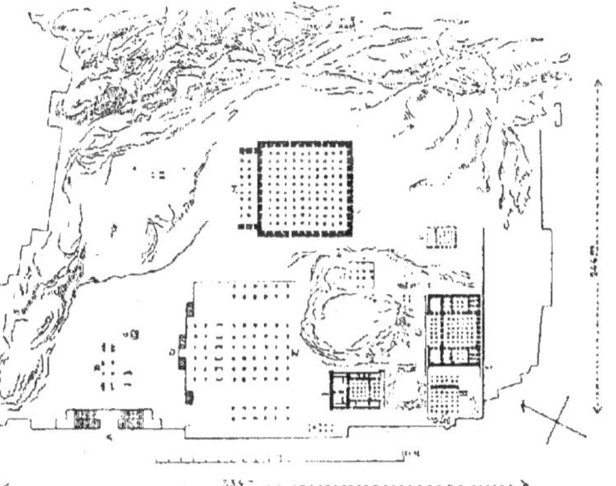

Fig. 8. — Terrasse de Persépolis.

de 12 mètres environ au-dessus de la plaine. Les trois côtés libres sont entourés de murs de soutènement analogues à ceux des Assyriens. On a accès de la plaine à la terrasse par un escalier monumental en marbre blanc, dont les marches déclives ont 10^{cts} de hauteur et 8 mètres d'emmarchement. Il est à double rampe et comprend 104 degrés ; dix cavaliers peuvent le gravir de front. Il est formé de blocs dont quelques-uns contiennent jusque 6 degrés d'une seule venue.

1. Lubke, *Essai de l'Hist. de l'art,* t. I, p. 50.

16. — *Propylées.* — Quand on a gravi cet escalier monumental et qu'on débouche sur le plateau (fig. 8), on aperçoit, à 15 m. de distance, les restes des *Propylées.* On se trouve en présence de deux énormes piliers de porphyre gris, hauts de $11^m,oo$, sur lesquels fait saillie en ronde bosse la partie antérieure du corps de deux quadrupèdes dont le buste se continue en haut relief sur la face interne des deux piliers.

Ces sphynx à corps de taureau et à faces humaines, de $5^m,oo$ de haut, rappellent absolument les montants des portes assyriennes. Des amorces montrent qu'il existait autrefois des bâtiments latéraux, sans doute des salles de gardes.

Au delà du couloir se dressaient quatre sveltes colonnes ; deux subsistent encore, auxquelles il ne manque que la partie supérieure des chapiteaux et qui sont des types de l'architecture persane. Leur fût est en marbre blanc, cylindrique, avec un léger renflement, orné de 52 cannelures. Celles-ci sont fouillées en demi-cercle et séparées par un plat comme dans l'ordre ionique.

Plus loin, se rencontre un autre groupe de piliers symétriques aux premiers, tournés en sens opposé, et flanqués également de taureaux androcéphales.

Cette espèce de portique jouait ici un rôle analogue aux pylones égyptiens.

Xerxès a signé ce bel ouvrage. Une inscription pompeuse annonce que ce portique fut érigé par lui à la mémoire de son père et comme couronnement de ses propres œuvres.

Après avoir franchi ces propylées, le regard s'étend sur une plaine de marbre d'où surgissent de merveilleuses ruines de palais, d'où émergent des colonnes mutilées, mais colossales, dressant çà et là leurs chapiteaux fantastiques. Au delà du portique, vers le S.-E., on rencontre les vestiges d'un bassin, dans un terre-plein autrefois couvert de jardins. Puis on se trouve au pied d'une terrasse à laquelle accède un escalier à quatre rampes et qui porte la salle hypostyle ou *apadana* de Xerxès ; sa façade était parallèle à l'axe des propylées. On appelle *apadana* la salle d'honneur du palais.

APADANA DE XERXÈS.

17. — On s'accorde à voir dans cette salle magnifique une enceinte d'apparat réservée aux audiences solennelles du monarque; qui y trô-

naît sur une estrade, dans tout l'éclat et la pompe orientale. L'escalier d'accès en marbre blanc, à quatre rampes, offrait un des spécimens les plus riches de l'art de la Perse. Il avait 64ᵐ,00 de développement. Ses murs étaient richement décorés de zones de sculpture. Le côté gauche représentait en une frise une procession de fonctionnaires portant tous les costumes des peuples du royaume et venant offrir des présents au roi ; de l'autre côté était figuré le roi avec sa cour. Le British museum s'est enrichi en 1892 des moulages de la première frise, levés avec beaucoup de soin par M. Cécil Smith. Placé à la tête d'une expédition envoyée en Perse, grâce à la munificence de lord Savile, avec la protection particulière du Foreign Office, M. Cécil Smith avait eu la bonne fortune de s'assurer la coopération de deux fondeurs italiens qui ont, paraît-il, obtenu des résultats excellents en prenant les moulages au moyen d'un papier fibreux espagnol. L'expédition a rapporté entre autres reproductions celles de la longue frise décorant le perron de la grande salle de réception du roi Xerxès ;

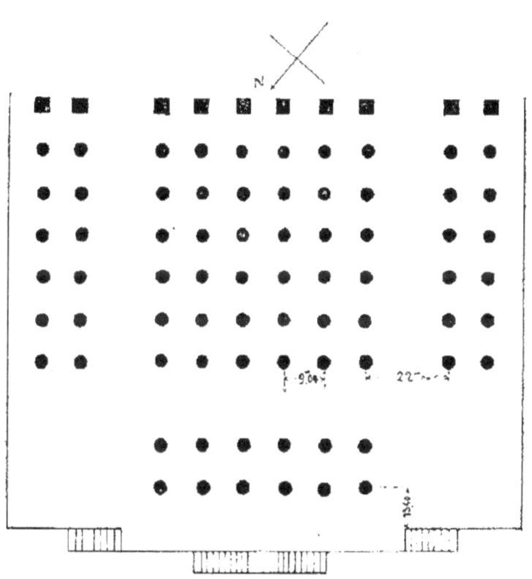

Fig. 9. — Apadana de Xerxès.

cette frise représente, comme nous venons de le dire, toute une procession de personnages de différentes nationalités venant présenter au souverain les rapports de ses fonctionnaires et les offrandes de ses sujets. Ce sont les mêmes opérateurs qui ont pris le moulage du fameux monument monolithe de Cyrus, décrit plus haut.

Sur la terrasse du palais s'élevait un groupe de 36 colonnes en quinconce ; puis, devant celui-ci et sur les côtés, trois autres groupes, formés chacun d'une double rangée de 6 colonnes. Entre les portiques latéraux et le système principal, il y avait 22 m. de distance ; les colonnes avaient toutes 19 m. 42 de hauteur, et étaient espacées de 9,00. Le premier portique commençait à 13ᵐ,40 du bord de la plateforme. Le côté de la plateforme vers le Midi était dépourvu de portique. Il ne reste que des fragments de toute cette belle ordonnance.

La partie centrale et le portique d'entrée étaient ornés de colonnes complètes, avec chapiteaux à 3 étages. Les portiques de l'E. et l'O. étaient plus simples ; les chapiteaux des colonnes ne comprenaient que des figures des taureaux ou de licornes.

Ces quatre colonnades portaient évidemment des entablements et un plafond. Étaient-elles clôturées par des murs ? On l'a généralement cru, et l'on a supposé, que ces murs en briques avaient été enlevés par les torrents descendus de la montagne, car il n'en reste plus trace. Cependant MM. Perrot et Chipiez repoussent cette conclusion, et font de ce palais un ensemble de portiques ouverts.

On a pensé aussi, qu'au-dessus du plafond s'élevait un étage en charpente richement orné de sculptures et couronné par une seconde plateforme, sur laquelle pouvait se trouver l'autel du feu. Les tombes royales, dont l'une a été décrite plus haut (n° 13), indiquent en effet clairement une pareille superstructure, notamment celle de Darius, et les inscriptions de ces tombes prouvent qu'elles reproduisent l'image des façades des palais.

Quoi qu'il en soit tout l'ensemble doit avoir été revêtu d'une très riche polychromie, dont les découvertes de Suse peuvent donner une idée.

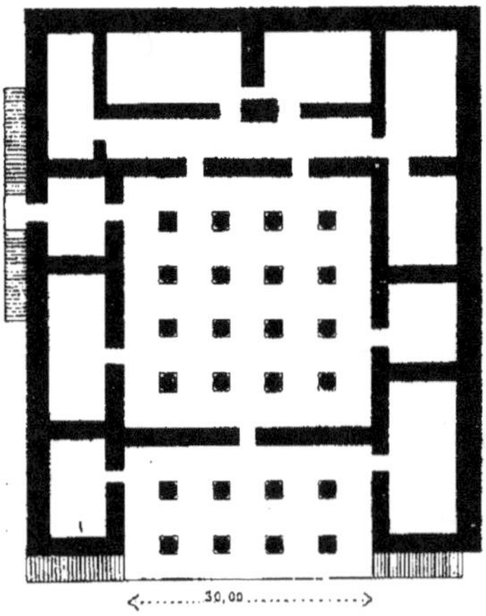

PALAIS DE DARIUS.

17. — Au Midi se voit le palais d'habitation de Darius. L'entrée principale était tournée dans le sens opposé à celle de la salle du trône de Xerxès ; on y avait accès également par un escalier à double rampe. Sur la plateforme s'élevait un portique de 8 colonnes en deux rangées de 4 ; ce portique donnait dans une salle hypostyle de 16 co-

Fig. 10. — Palais d'habitation de Darius.

lonnes. Il n'y avait pas de portiques latéraux, mais, à la place de ces portiques, une série de salles réservées à l'usage du roi, et derrière, des pièces plus grandes. Les inscriptions qu'on a pu lire sur les portes d'entrée indiquaient parfaitement la destination de ces différentes pièces.

De ce palais, comme du précédent, il ne reste plus de murs. On ne retrouve que les encadrements des fenêtres et des portes. On peut juger de ce qu'étaient les parties disparues par les découvertes de Suse.

Les portes, construites en grands blocs de marbre blanc, ressemblent entièrement aux portes égyptiennes. Elles se composent de deux jambages surmontés d'un linteau. L'encadrement présente trois faces en retraite l'une sur l'autre ; au-dessus règne la corniche égyptienne.

Les parois intérieures des portes portent des sculptures et des inscriptions indiquant, comme nous l'avons dit, la destination de chaque pièce.

Les encadrements des fenêtres étaient pareils à ceux des portes ; mais il paraît que ces fenêtres étaient toujours aveugles, et n'avaient été exécutées qu'à titre d'ornement.

On a reconnu dans les décombres de Persépolis le palais d'Alexandre le Grand.

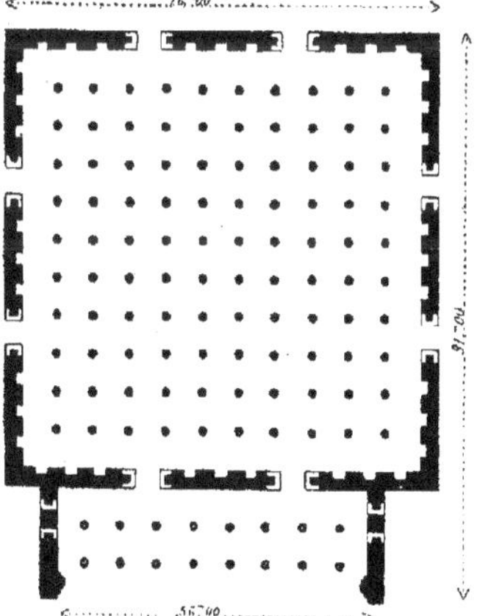

Fig. 11.— Salle du trône de Darius.

SALLE DU TRONE DE DARIUS, ou *apadana aux cent colonnes.*

18. — L'apadana de Darius reposait sur 100 colonnes en 10 rangées, et elle était précédée d'un portique de 16 colonnes. Elle était clôturée par un mur formant une enceinte carrée de 16^m de côté. Le portique était fermé latéralement par deux murs flanqués de taureaux androcéphales. Deux larges portes s'ouvraient au fond du portique. A l'intérieur on voit encore 44 de ces chambranles lapidaires, qui formaient des portes et des fenêtres aveugles ou des niches dans la masse disparue des murs en briques.

CHAPITRE V. — Suse.

19. — L'histoire de l'architecture persane a été éclairée par des recherches récentes. Un des événements archéologiques de l'année 1886 fut l'arrivée à Toulon d'un navire chargé d'antiquités perses, fruit des fouilles de M. Dieulafoy, ingénieur en chef des ponts et chaussées, et de sa courageuse compagne. Aujourd'hui trois salles du Louvre sont remplies de spécimens de premier ordre de l'art qui fleurit sous Darius et Artaxerxès.

Une de ces salles est occupée par une réduction faite à l'échelle de 10 cent. par mètre, de l'*Apadana* de Suse, la magnifique salle du trône d'Artaxerxès Mnémon (404 ans avant J.-C.), qui formait la plus grande partie du palais et occupait une superficie de 9,200 m. Son plafond est porté par une immense colonnade hypostyle. Une frise ornée de belles sculptures règne dans l'entablement. Deux salles contiguës du Louvre sont remplies de fragments gigantesques enlevés à cette puissante construction ([1]).

20. — La *Susiane*, comprise entre le Tigre et les montagnes de Bakhtyaris, fut le berceau d'une civilisation rivale de celle de la Chaldée, puis un des centres de la puissance achéménide. Elle n'avait jamais été explorée avant le voyage du général Williams et de Lord Loftus en 1881, dont les recherches ont été complétées avec un succès extraordinaire, par M^r et Mme Dieulafoy, aidés de M. l'ingénieur Bazin.

De l'antique cité de Suse, aujourd'hui Chouster, résidence d'été des souverains de la Perse, il reste une bute de 30 m. de hauteur, couvrant 100 hectares et formée d'un amas de débris de maisons de terre. Tous les âges de la civilisation y sont représentés.

Pour se guider, M. Dieulafoy possédait un plan tracé par une main assyrienne, qui remonte à l'époque d'Assourbanipal, un conquérant, qui, 700 ans avant notre ère, « brisa les lions ailés et les taureaux androcéphales qui veillaient à la garde des temples ».

21. — L'*apadana* de Suse se dressait à l'extrémité de la principale rue de la ville. Son plafond en terrasse avait pour support un

1. M^r et Mme Dieulafoy, *ouvrages cités*. — V. *L'Architecture*, avril 1893.

quinconce de 36 colonnes, dont chacune est un colosse ; le fût ne mesure pas moins de 1ᵐ,58 de diamètre, et le chapiteau d'une de ces colonnes, rapportées en France, tient avec peine sous le plafond d'une des grandes salles du musée.

Sur trois faces, intérieurement, se développaient des portiques à double rangée de colonnes ; ils sont séparés, aux angles, dans la restitution de M. Dieulafoy, par des sortes de pylones ou de tours.

En avant du portique principal s'étendait une cour ; l'entrée de cette cour était occupée par un pylone en forme d'écran gigantesque, où brillait une frise en béton émaillé, ornée d'une suite de superbes lions, aux tons blancs, jaunes, verts, etc. avec un couronnement dentelé, à créneaux émaillés. Il mesurait 36 m. de long, 18 de haut. Le fond est d'un beau bleu turquoise. M. Dieulafoy a exhumé une notable portion de cette *frise aux lions ;* conçue dans le style assyrien, elle rappelle celles de Korsabad, mais elle est d'un art beaucoup plus parfait.

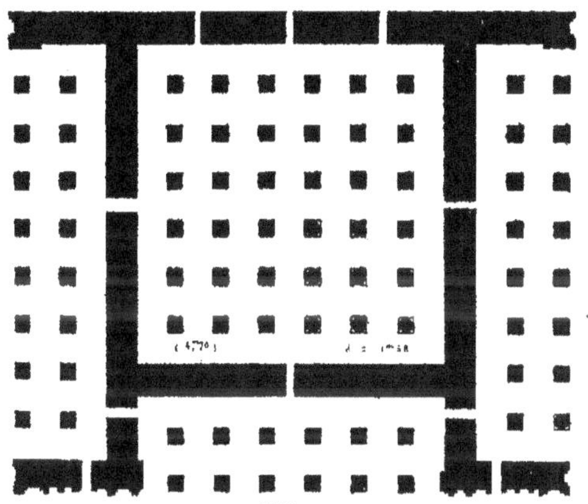

Fig. 12. — Apadana de Suse.

Les différences de niveaux du palais sont rachetées par des escaliers à garde-corps crénelés, revêtus de faïence ; vingt-cinq hommes les peuvent gravir de front, et la pente est assez douce pour qu'un cheval les puisse monter.

Une autre frise en faïence, plus remarquable encore, a été découverte dans les fouilles. Elle représente une suite d'archers d'une grande richesse et d'une beauté singulière. Elle est digne des Grecs ; ses archers rappellent le *soldat de Marathon.* Cette frise est *datée* par un de ses fragments, qui porte, en caractères cunéiformes, le nom de Darius. L'art perse avait donc atteint cette surprenante perfection dès le VIᵉ siècle avant notre ère.

Les colonnes de Suse sont du type complet de la colonne de Persépolis que nous avons décrit plus haut : base à cloche renversée, dont nous donnons un croquis, fût cannelé de 1^m58 de diam., couronnement à trois étages : le premier à deux cloches soudées par leur fond, le second à volutes doubles sur les quatre flancs, le troisième à bustes de taureaux. Les chapiteaux sont taillés dans un calcaire à grain fin ; celui qui est au Louvre pèse plusieurs tonnes. Les colonnes portaient une terrasse par l'intermédiaire de poutres en bois de 0^m55 d'équarrissage, en cèdre, venus sans doute du Liban.

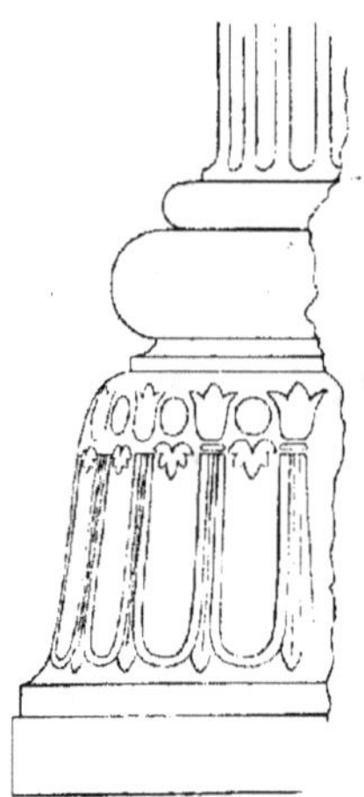

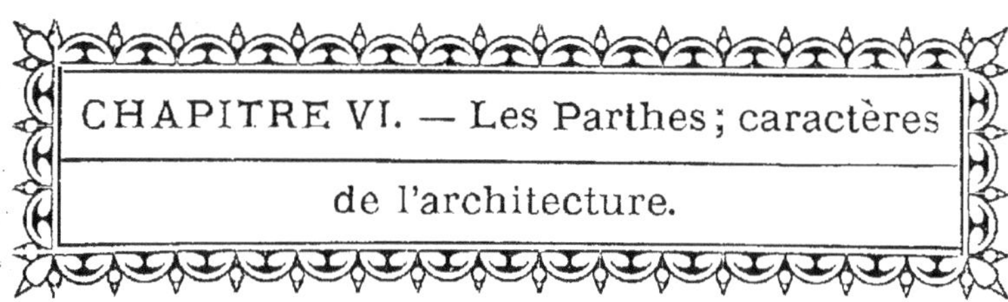

22. — Arsace fut le fondateur de la dynastie parthe, qui, après les victoires d'Alexandre, sut reconstituer l'empire perse et tenir cinq siècles Rome en échec. Avec lui, 225 ans avant Jésus-Christ, commence ce vaste empire, qui embrassa toute la haute Asie médo-persane. L'empire parthe finit 226 après J.-C. et fut remplacé par celui des Sassanides.

L'élément grec acquit d'abord sous les Parthes une importance considérable et imprima son caractère aux monuments. Puis les Bactres et les Scythes firent sentir leur influence.

La demeure privée des Parthes était voûtée en berceau, comme les palais d'Assyrie ; ils ne connurent guère la coupole, les vieux châteaux du Fars et du Servistan où elle apparaît, leur furent postérieurs. Seuls les détails décoratifs y accusent l'influence hellénique.

23. — *Palais*. Le palais d'*Hatra* réalise le type de cet art composite. « Ses ruines occupent le centre d'une enceinte fortifiée circulaire de plus d'un kilomètre de rayon. Aux temps anciens, cette gigantesque ceinture était flanquée de deux forts, l'un au Sud, l'autre à l'Est, qui en complétaient la défense. »

« Cette place fameuse ne comprend... qu'un mur épais, faisant avant-corps, un fossé et un rempart couvert par quarante-deux tours, distantes sur axe de 160 mètres. Quatre portes y donnent accès, dont la principale regarde l'Orient. Au centre, une enceinte carrée, commandée, elle aussi, par des tours saillantes, protégeait la demeure royale. Sa porte franchie, on pénètre dans une vaste cour, au fond de laquelle se dresse le principal corps du palais. Sa disposition générale diffère de celle du palais achéménide. Il s'étend, tout en largeur, sur un front de 90 mètres et se divise en quatre vastes nefs parallèles couvertes en berceau. Le plan ainsi conçu, il fallait que l'architecte avisât au moyen d'équilibrer ses voûtes et d'annuler leurs poussées au vide. Pour cela il établit sur le flanc de chaque grande nef une nef étroite où la retombée des grands arcs vient s'amortir en se contrebutant et partout où ce moyen n'est pas à sa portée, il s'en tire en exagérant l'épaisseur des murs, en sorte que l'arc porte sur un contrefort extérieur. Enfin, une salle carrée, enveloppée de toutes parts par un corridor, est rejetée en dehors de ce plan et, comme à dessein, isolée. Elle fut l'*apadana* du souverain, la salle du trône ; la nef qui la précède, son vestibule ; chacune des autres nefs, une salle secondaire du palais. »

« Tout entier, l'édifice est construit en calcaire brun, appareillé selon les règles de la modénature gréco-romaine. La façade est partagée en arcades, reçues à leur retombée sur des pilastres ou des demi-colonnes ; les voûtes sont fort rudimentaires et appartiennent au système des berceaux tournés sans cintrages ; les sculptures, à l'art gréco-romain (¹). »

Mais quelle couverture, quelle sorte de voûte, s'étendait sur la salle carrée rejetée hors du plan ? C'est ce qui reste inconnu.

---

1. A. Gayet, *L'art persan*, p. 75.

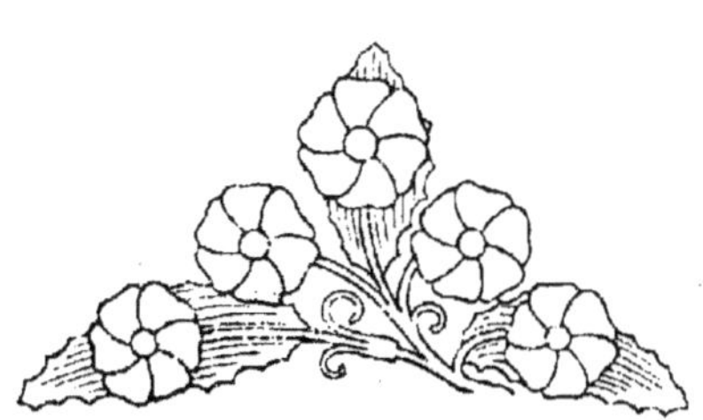

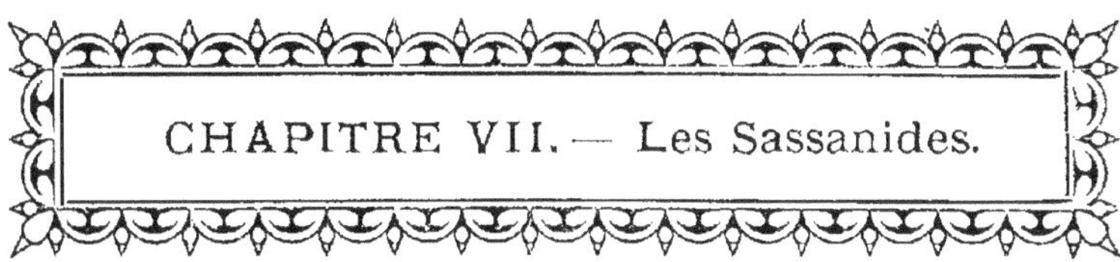

CHAPITRE VII. — Les Sassanides.

La dynastie des Sassanides succéda, 226 ans après le Sauveur, aux Arsacides ou rois parthes ; elle eut 426 ans d'existence, depuis l'avènement d'Artaxerxès Ier jusqu'à la mort d'Yezdedjerd III (652).

24. — C'est à Ctésiphon, qu'à leur avènement, les Sassanides établirent leur cour. Le vice-roi Artaxerxès, qui défit et mit à mort Artaban IV, et son fils Sapor Ier, inaugurent la nouvelle dynastie et en même temps une renaissance religieuse et artistique. Les souverains Sassanides, Sapor, Vararhan, Khosroës, reprirent la tradition des grands rois constructeurs. Le premier colligea les fragments de l'*Avesta* échappés à Alexandre et se bâtit de somptueux palais. Chosroës II s'empara d'Édesse, de Jérusalem et de l'Égypte : il éleva aussi des palais immenses, notamment ceux de Machita, d'Eïvan et celui de Ctésiphon, demeuré debout dans le désert qui a pris la place de la fameuse capitale.

CONSTRUCTION DES VOUTES.

25. — Les châteaux de Fars et de Servistan, quoique remontant encore aux Parthes, se rattachent, par leur structure, à l'architecture qui caractérise les Sassanides. Ils offrent non seulement des berceaux, mais encore des coupoles, à profil pseudo-elliptique.

Voici, d'après M. Dieulafoy, l'épure de la courbe iranienne, génératrice de ces coupoles ; elle est basée sur les propriétés rythmiques du triangle rectangle, dont les côtés sont entre eux comme 3, 4 et 5.

« On construit sur la demi-largeur de la nef comme base le triangle rectangle 3, 4 et 5, en dirigeant suivant l'axe vertical le plus petit côté, et l'on décrit du sommet opposé à ce petit côté comme centre, avec un rayon égal à la largeur de la nef, un arc de cercle. Si l'on arrête cet arc de cercle à son intersection avec le prolongement de

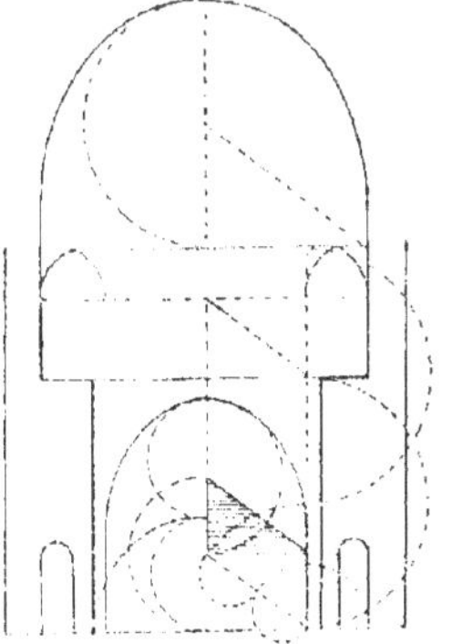

Fig. 13.

l'hypoténuse, la longueur comprise entre l'axe vertical et la circon-férence est égale au petit côté du triangle. En traçant alors, du sommet situé sur l'axe comme centre et avec le petit côté du triangle comme rayon, un second arc de cercle, on engendre une nou-velle courbe tangente à la première. Dans l'*anse de panier* ainsi construite, la montée et la largeur sont respectivement égales au double de la hauteur et de la base du triangle ; ces deux dernières sont entre elles dans le rapport de 3 à 4 m. Les berceaux et coupoles des Sassanides sont basés sur ce tracé.

26. — Les Perses ont été sinon les premiers, du moins, dans l'anti-quité, les plus habiles constructeurs de voûtes.

L'arbre ne croît sur le sol rocheux de la Perse que par une laborieuse culture. Des hivers rigoureux succédant à des étés brûlants forcèrent les premiers maîtres du pays de s'abriter sous d'épaisses toitures. Ne possédant pas de forêts, ils durent recourir à la voûte pour couvrir de grands espaces avec de petits matériaux pierreux. Ils manquaient de bois même pour se fabriquer des cintres. Mais ils furent les premiers, qui firent du mortier un usage régulier et méthodique. Avec cela ils se passèrent de tout appui et maçon-nèrent directement dans l'espace leurs voûtes en briques.

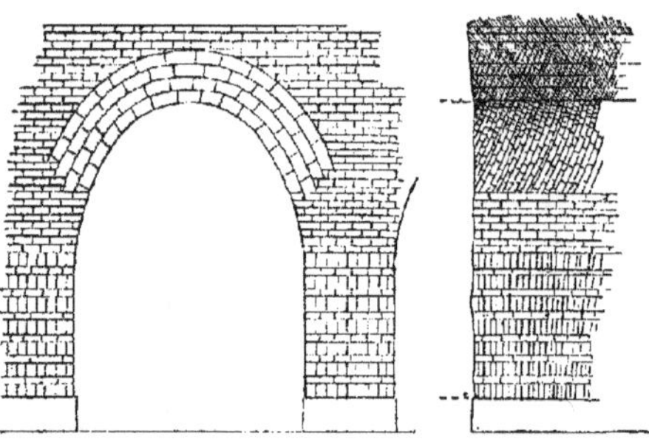

Fig. 14. — **Voûte achéménide de Servistan** ([1]).

26. — *Voûte en berceau.* Voici comment est formée leur voûte. Un mur de tête leur sert de point de dé-part. Contre ce mur ils soudent à l'aide du mortier la brique de champ for-mant une première tranche du berceau ; cette tranche formée, aux briques qui la composent, ils soudent de même une seconde tranche, et ainsi de suite de proche en proche. Ils forment ainsi un premier berceau, sur lequel ils peuvent s'ap-puyer pour construire à l'aise plusieurs autres berceaux concentriques constituant une voûte épaisse et solide.

1. D'après Dieulafoy, *L'art antique de la Perse*, p. 13.

Cette opération est facilitée parfois par l'adoption de tracés hélicoïdaux pour les joints montants qui séparent les tranches. Cette disposition ne s'applique qu'à la partie de la voûte supérieure aux reins ; jusqu'à la hauteur des reins la maçonnerie monte en encorbellement avec des lits horizontaux. La difficulté n'existe d'ailleurs que pour le premier rouleau ([2]).

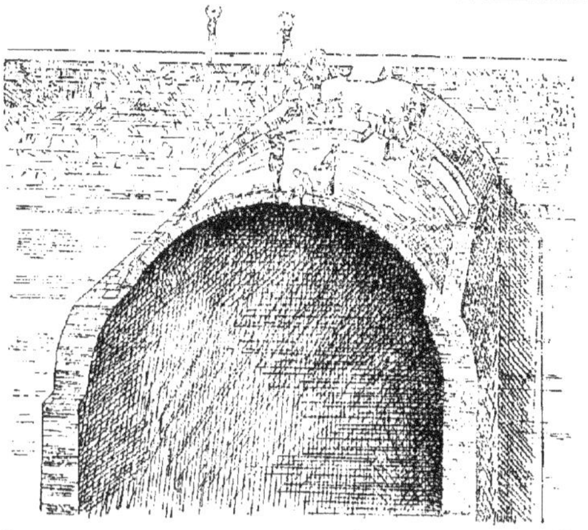

Fig. 17.—Construction d'une voûte sans cintrage ([1]).

27. — *Coupole.* — La voûte, faute de bois, reçut chez les Perses, dès la plus haute antiquité d'ingénieuses applications. Ils pratiquaient en grand la *coupole*, qui n'offre pas autant de difficulté et se construit sans cintre plus aisément que le berceau. Mais ils surent de bonne heure faire reposer la coupole sur *plan carré*, à l'aide de *pendentifs*. M. Dieulafoy a retrouvé des pendentifs dans le palais antique de Sarvistan et dans le château achéménide de Firous-Aboet, qui seraient (?) du Ve siècle avant notre ère. D'après cet explorateur, les constructions voûtées des Perses seraient antérieures à Cyrus, lequel aurait inauguré les constructions à plafonds, inspirées des Grecs ([3]).

27. — *Voûtes composées.* — Il y a plus, les Perses semblent avoir eu l'intuition du principe de la voûte gothique, principe si fécond, qui devait plus tard enfanter des constructions merveilleuses.

En effet, ces principes consistent en partie à composer les poussées des voûtes sur des points déterminés des murs, consolidés par des contreforts, et à adopter des formes de voûtes permettant d'éclairer le vaisseau jusqu'à une hauteur voisine du niveau des clefs des voûtes.

---

1. D'après Dieulafoy, *L'art antique de la Perse*, p. 16.
2. V. A. Choisy, *Gazette archéologique*, 1887, pp. 183 et suivantes. — Dieulafoy, *L'art antique de la Perse*, t. IV, pp. 13 à 16.
3. V. A. Choisy, *Gazette archéologique*, pp. 188 et suiv.

Ce sont là deux désiderata, que les Perses ont réalisés, non point par la voûte d'arêtes, comme les constructeurs d'Occident au moyen âge, mais par d'ingénieuses combinaisons de voûtes en berceaux dirigés à angle droit l'un sur l'autre, et les uns reposant leurs naissances sur l'extrados des autres.

Des berceaux transversaux, établis de distance en distance, s'appuient sur des tronçons d'un berceau interrompu, et la partie du mur

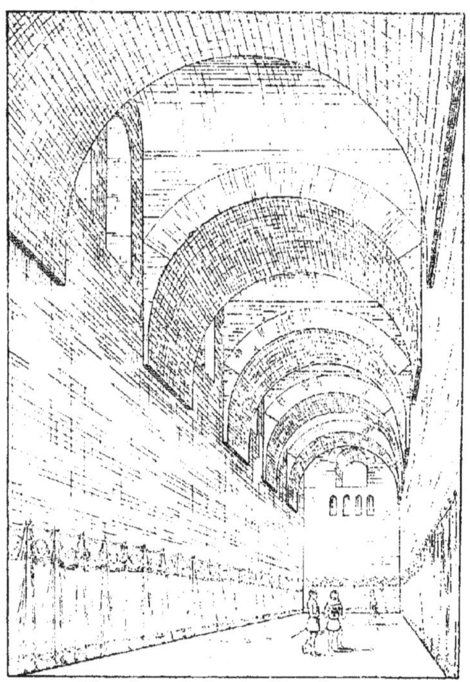

Fig. 18. — Salle de Tag-Ayvan.

qui porte ce dernier est consolidée pas des renforts équivalents et des contreforts. Telle est la construction de la grande salle de Tag-Ayvan.

Le palais de Tay-Ayvan est situé à 60 kilomètres à l'Ouest de Suse. Il offre une vaste nef, dont notre vignette donne la vue intérieure ; elle est divisée en travées barlongues par des arcs doubleaux surmontés de tympans, qui supportent des voûtains perpendiculaires à l'axe de la nef. A leurs extrémités ceux-ci se terminent en formerets sous lesquels s'ouvrent des baies cintrées.

A la place de ce tronçon de berceau mettez un doubleau, à la place du mur de la fraction renforcée, mettez un dosseret ou un contrefort, vous aurez exactement la nef centrale d'une église romane de Bourgogne, celle de St-Philibert de Tournus.

Arcs doubleaux, arcs formerets, ossature rigide, voûtains déformables, décomposition de voûtes et composition des poussées,

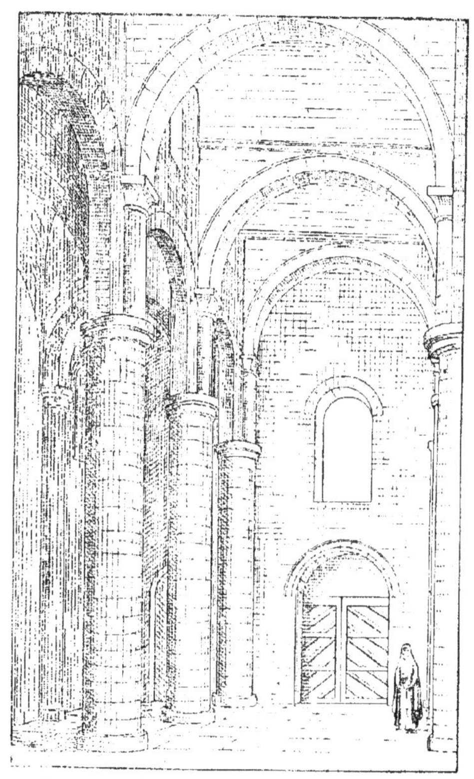

Fig. 19. — Église S. Philibert de Tournus.

travées barlongues, contreforts à redents se retrouvent dans ce palais. On retrouve au fond le même système à la piscine de Bethsaïde élevée à Jérusalem avant notre ère et au Khan-Okhtma de Bagdad, un des plus beaux monuments persans du XIe siècle.

Ainsi s'affirme l'existence, en Orient, d'un art traditionnel et séculaire qui reposait, bien avant l'existence de la basilique romane, sur l'emploi de la voûte et sur les procédés élémentaires de construction qui caractérisent l'art gothique. Telle est l'architecture qui s'est développée depuis plus de deux mille ans sur les plateaux de l'Iran, et qui avait, avant les croisades, fait sentir son influence sur les côtes occidentales de l'Asie mineure, de la Syrie et de la Judée, jetant ses voûtes sur les portes des villes, les bazars, les palais, les caravansérails et les mosquées.

M. Dieulafoy n'hésite pas à trouver dans ces constructions de la Perse une des sources de l'idée de la voûte nervée inaugurée en France au XIIe siècle ([1]). A l'époque de la guerre sainte, dit-il, les chrétiens d'Occident étaient depuis des siècles tributaires de l'art asiatique et préparés à s'en assimiler les principes ; à ce moment même, ils avaient l'esprit tendu vers la solution des problèmes inhérents à la couverture des grandes nefs. Le contact de l'Europe avec l'Orient par les croisades produisit, selon cet explorateur, une évolution nouvelle de l'architecture romane par la substitution de l'influence perse directe à l'influence byzantine, qui avait été jusque-là le véhicule de celle-ci. Les preux auraient donc rapporté de Terre sainte la clef de cette architecture admirable, que seuls ils étaient capables de développer dans toute sa beauté. Ainsi, pour prix du plus chevaleresque de ses exploits, la fille aînée de l'Église aurait reçu en récompense le secret d'un art, qui devait produire les plus beaux monuments qui aient fleuri sur terre.

« Je prétends, dit M. Dieulafoy, que l'architecture française du XIIe et du XIIIe siècle, eût été tout autre si la Perse n'avait pas existé et si la chrétienté n'avait pas marché à la conquête du tombeau du Christ... »

PALAIS DE CTÉSIPHON.

28. — Décrivons à grands traits, pour finir, le palais de Schosroës Ier à Ctésiphon, cette résidence d'hiver des rois Parthes, située dans l'ancienne Babylonie, sur la rive gauche du Tigre, près de Séleucie.

Une nef énorme, de 26 mètres de largeur sur 48 de longueur, est flanquée des deux côtés de cinq salles, larges de 6 mètres sur 23 de longueur. La nef colossale du centre est la salle du trône, l'apadana. Elle est couverte d'un berceau en anse de panier dont la clef atteint 35 mètres de hauteur.

---

[1]. *Conférence à la Société centrale d'architecture en* 1888.

La façade, s'étendant sur un développement de 92 mètres, est ornée
de 6 étages d'arcatures aveugles et de colonnettes engagées. Selon
la tradition chaque colonnette, chaque archivolte, chaque pilier était
recouvert d'une mince feuille métallique dorée ou argentée.

« La salle du trône, dit M. Gayet([1]), ouvrait directement sur la
cour du palais, sans qu'aucune barrière
en interceptât l'entrée ; un rideau immense dérobait seul le monarque aux
regards de ses sujets. Lorsqu'il daignait
se montrer à eux et prenait place sur
l'estrade, entouré des princes du sang,
des ministres, des courtisans et de la
garde, le voile s'élevait soudain à un

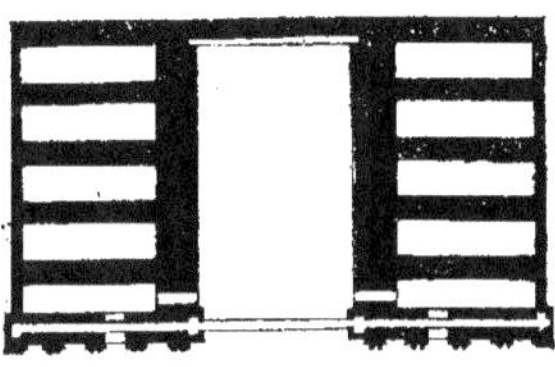

Fig. 20. — Plan du palais de
Ctésiphon.

signal donné. Le roi des rois surgissait alors dans le cadre d'un
luxe inoubliable. Les murs de la salle étaient couverts de tentures
splendides ; des tapis jonchaient le sol, et tout détail architectonique
où n'étaient point appendues des étoffes, étincelait sous un revêtement de mosaïques ou de métaux précieux. »

1. Ouvr. cité, p. 105.

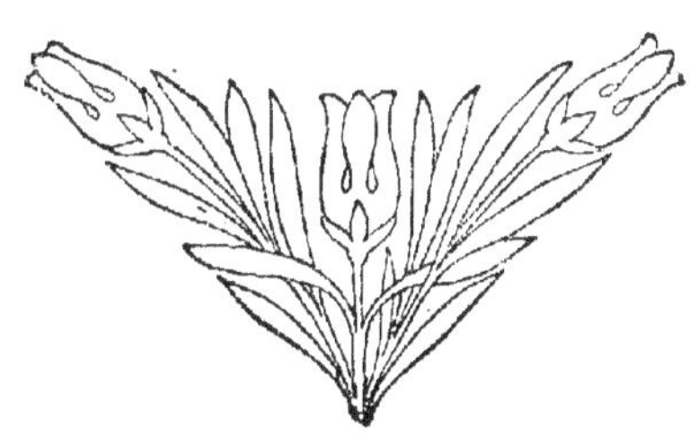

CHAPITRE VIII.—Sculpture.—Décoration.

29. — L'art plastique est principalement et très largement représenté chez les Perses par les majestueux bas-reliefs, qui décorent les parois des terrasses et surtout des escaliers des palais. Ces sculptures, qui représentent l'apogée de l'art antique dans l'Asie centrale, offrent une indiscutable affinité avec l'art assyrien. Cette influence si puissante étonne, quand on considère que les villes assyriennes étaient depuis longtemps tombées en quelque sorte en poussière, avant que les Perses n'élevassent leurs palais. Comme le remarque M. Boscawen, le trait d'union doit être recherché dans une civilisation restée obscure, mais qui exerça une influence puissante sur la Perse, celle de l'ancien royaume arménien de Van « Les rois de Van furent en rapport avec l'Assyrie durant le règne d'Assurnazirpale (885 avant J.-C.). A cette époque ils ignoraient l'écriture, et voulant laisser l'empreinte de leur règne sur les rochers avoisinant leur capitale, ils firent tracer leurs inscriptions par des Assyriens. Sous Argistèse, contemporain de Sargon, des artistes arméniens reproduisent en bronze des figures de bas-reliefs de Nimroud et de Korshabad, ainsi que le prouvent des objets conservés aux musées britannique et germanique. Outre cette influence, il faut encore admettre les traditions locales, transmises par les monuments élamites, qui précèdent ceux des Perses sur le même sol, et qui s'étaient inspirés de l'Assyrie. »

L'école grécisante a produit des œuvres remarquables par l'arrangement des groupes ; tels sont les immenses tableaux en relief qui tapissent les parois des rochers, dans la nécropole de Darius à Persépolis.

Bien qu'il ait emprunté à Ninive la plupart de ses formules plastiques, l'art des Perses a ses traits originaux. Il observe la nature avec un sentiment moins réaliste et l'exprime avec une moindre intensité de vie que l'art assyrien, mais il apporte plus de variété, plus de liberté dans la composition, plus de majesté dans les formes, plus d'idéal dans les tendances. Les bas-reliefs persépolitains s'attachent moins à reproduire des prouesses de guerre que des scènes de la vie de cour, dépeintes sous les aspects les plus brillants. Un seul bas-relief à sujet historique a été rencontré jusqu'ici ; il représente une victoire de Darius. Partout ailleurs ce sont des défilés de gardes du corps, des files de serviteurs somptueusement vêtus, des ambassades accompagnées de leurs tributs en nature, parfois des scènes de chasse royale (¹).

Les sculptures des Parthes n'offrent qu'un médiocre intérêt. Celles des Sassanides sont purement ornementales, sauf dans les produits inspirés de la Grèce.

BRIQUE ÉMAILLÉE.

30. — C'est aux Babyloniens, que les Perses empruntèrent, avec l'art d'*émailler* la brique, celle de l'*estamper* avec des sujets en relief, en le perfectionnant. Il se révèle dans les deux frises superbes découvertes à Suse par M. Dieulafoy au cours d'une de ses missions (1884-1886). Il eut le bonheur, nous l'avons dit, de trouver l'entrée d'un palais d'Artaxerxès Mnémon, qui régna de 409 à 362 avant notre ère ; cette entrée était formée de deux grands pylones portant une magnifique frise en briques émaillées, qui représente *des lions ;* ensuite on exhuma une autre frise, celle des *archers ;* toutes deux ont pu être reconstituées au Louvre, et offrent d'incomparables spécimens du décor céramique (²). A vingt-trois siècles de distance ces frises nous révèlent des procédés admirables, que nous pourrions à peine égaler.

La sûreté de la main est incomparable, la gamme des émaux aussi complète que possible, la décoration aussi bien entendue pour la richesse des tons que pour l'harmonieux choix des couleurs. En dépit des difficultés spéciales à des revêtements placés en pleine lumière, avec les adoucissements d'une palette habilement composée, les artistes de Suse cernaient les contours du dessin de lignes noirâtres, analogues aux plombs de nos vitraux, qui, projetant une ombre

---

1. Lubke, ouv. cité, t. I, p. 55.
2. M. Dieulafoy. — *L'Acropole de Suse.* Paris, Hachette, 1893, gr. in-8°.
   Mª J. Dieulafoy. — *A Suse, Journal des fouilles* (1884-1886). In-4°, Paris, 1888, p. 274-288.
   V. L. Pottier. — *Gazette des Beaux-Arts,* nov. 1886.

fondue adoucie par la distance, mettent en quelque sorte une transparence entre les différents plans du panneau émaillé ([1]).

La frise dite des *Archers* représente des guerriers marchant à la file, où l'on a voulu voir les immortels gardes d'honneur du roi Darius. Elle est surtout remarquable, en ce qui concerne la forme plastique, « par la savante exécution des draperies qui moulent le corps et qui font sentir la musculature vivante. Voilà un progrès décisif dont ni les Égyptiens ni les Assyriens ne nous avaient offert aucun exemple. Aussi n'est-il pas impossible, que la frise des archers ait été exécutée sous l'influence d'artistes Grecs de l'Ionie attirés par Darius à sa cour ([2]) .»

La frise des *Lions* se compose de briques estampées d'environ 0,36 × 0,18 m. sur 25 d'épaisseur. Sur un fond bleu turquoise se détachent neuf fiers lions d'un blanc grisâtre, avec les crinières en bleu vert d'eau et les saillies des muscles en jaune foncé. Cela rappelle les lions émaillés de Khorsabad, mais avec un relief, qui est une nouveauté tout à fait remarquable. Avec l'empire achéménide la brique émaillée disparaît ([3]).

DESSIN.

31. — Enfin, en ce qui concerne les arts décoratifs, l'on reconnaît dans les poteries persanes les traces d'une union intime avec la Chine et le Japon. Le dragon, le phénix, l'oiseau sur la branche de pêcher, la feuille dentelée du nénuphar, le cône alvéolé, les treillages, les tortillons en volute qui signifient les flots de l'air, les rinceaux, les lions fantastiques, le vase sacré, tous ces emblèmes qui foisonnent dans la poterie chinoise et japonnaise remplissent également l'art persan, sans qu'on ose encore décider de quel côté ils ont vu le jour ([4]). En dehors de ces motifs communs à la Perse et à l'Extrême-Orient, la base de la décoration dans l'art propre aux Perses, est la flore locale : c'est l'œillet sacré, la tulipe, la rose, le myosotis, etc. Tout l'Orient en fleurs, se reflète dans les éclatantes majoliques de la Perse.

---

1. V. F. de Mély, *Revue de l'Art chrétien*, 1893, p. 406, et *Gazette des Beaux-Arts*, 1895, t. I, p. 316.

2. Gaston Cougny. — *Album et manuel de l'Histoire de l'art*. Antiquités, p. 64, Paris, F. Didot, 1894.

3. Th. Deck, *La faïence*, (Bibl. de l'enseignement des B. A.).

4. V. Chavannes, *La sculpture en Chine*.

TABLE DES MATIÈRES.

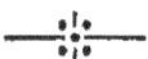

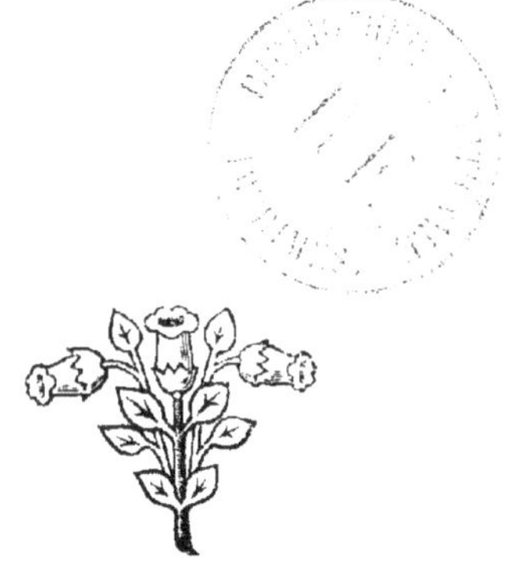

Imprimé par DESCLÉE, DE BROUWER ET Cⁱᵉ.

TRACTS ARTISTIQUES.

—❖—

1° L'art monumental des Égyptiens et des Assyriens

2°.   »   »   des Indous et des Perses.

3°   »   »   des Grecs.

4°   »   »   des Romains.

5°   »   »   latino-byzantin.

6°   »   »   roman.

7°   »   »   gothique.

8°   »   »   de la Renaissance.